Collection dirigée par Alain PAGÈS

*les **I**ntégrales de **L**ettres*

BAUDELAIRE

LES FLEURS DU MAL

Évelyne COSSET
Agrégée de Lettres classiques

NATHAN

sommaire

© Editions Nathan 1996
ISBN : 2-09-181505-5

TABLE DES PAGES-FENÊTRES

biographie de **Baudelaire**

1821
1867

Charles Baudelaire, né à Paris en 1821, accepta difficilement le remariage de sa mère avec le général Aupick. De 1839 à 1841, il mène à Paris une vie assez dissipée ; sous la pression de sa famille qui veut y mettre un terme, il s'embarque pour un voyage qui lui fera connaître l'île Bourbon. De retour à Paris, il vit dispendieusement grâce à l'héritage paternel. Il rencontre Jeanne Duval. On va lui imposer un conseil judiciaire et une modeste rente. Il se consacre à la critique d'art, il traduit Edgar Poe ; il fait la connaissance de Mme Sabatier, de Marie Daubrun. En 1857, la publication des *Fleurs du Mal* entraîne une condamnation pour immoralité ; il prépare l'édition de 1861. Malade, endetté, incompris, il fait connaître Thomas de Quincey, Wagner, Constantin Guys. En 1864, il entreprend en Belgique une série de conférences ; il en rentre déçu et très malade. Il meurt en 1867.

Jeunesse, adolescence

1821 : Naissance de Charles Baudelaire à Paris.

1827 : Mort du père de Baudelaire.

1828 : Remariage de sa mère avec le général Aupick. L'enfant n'accepte pas ce remariage.

1832 : Le lieutenant-colonel Aupick ayant été nommé chef d'état-major de la 7e division militaire à Lyon, Charles y accompagne sa mère et il est placé à la pension Delorme, puis il devient interne au Collège royal de Lyon.

1836 : Aupick étant nommé à la 1re division militaire, Baudelaire est pensionnaire au collège Louis-Le-Grand.

1837 : À la fin de sa seconde, Baudelaire obtient au Concours général un deuxième prix de vers latins.

1839 : Renvoyé du collège Louis-le-Grand. Reçu cependant bachelier, il prend sa première inscription à l'École de droit et décide de mener une existence libérée.

1841 : Indignée par sa vie dissolue, sa famille bien-pensante se résout à l'éloigner de Paris et à le faire voyager. Baudelaire s'embarque à Bordeaux sur un bateau en partance pour Calcutta ; après un bref séjour à l'île Bourbon (île de la Réunion), il revient en France.

1842 : Retour à Paris. Devenu majeur, il exige de disposer de sa part d'héritage. Il fait la connaissance de Jeanne Duval.

1844 : Choquée par ses débauches, sa famille le pourvoit d'un conseil judiciaire et limite ses revenus au versement d'une rente mensuelle pour l'empêcher de dilapider complètement le patrimoine. Baudelaire sera sans cesse confronté à des soucis pécuniaires et il sollicitera des subventions auprès du ministre de l'Instruction publique, dont il obtiendra de temps à autre quelques indemnités.

L'écrivain

1845 : Publication du *Salon de 1845*.

1846 : Adhésion à la Société des gens de lettres.

1848 : Participation aux journées de juin dans le camp des insurgés.

1852 : Publication de *L'École païenne*, de la future notice des *Histoires extraordinaires*.

1854 : Amour pour Marie Daubrun. Traduction des *Histoires extraordinaires* et des *Nouvelles histoires extraordinaires*.

1855 : "Méthode de critique", "Delacroix", "M. Ingres" (*Exposition universelle de 1855* I, III, II).

1857 : Décès du général Aupick à Paris ; sa femme se retire à Honfleur. Mise en vente des *Fleurs du mal*. Procès et amende pour outrage aux bonnes moeurs. Amour pour Mme Sabatier dévoilé.

1858 : Impression des *Aventures d'Arthur Gordon Pym*. *De l'idéal artificiel* ; *Le Haschisch*.

1859 : Commence *Mon cœur mis à nu*. Reçoit une indemnité pour une traduction des *Nouvelles histoires extraordinaires*. Fait un séjour à Honfleur chez sa mère. Attaque de paralysie de Jeanne Duval.

1860 : *Les Paradis artificiels,* les *Curiosités esthétiques*, projet sur le *Dandysme littéraire*. *Enchantement et tortures d'un mangeur d'opium*. Première crise cérébrale.

1861 : *Richard Wagner*. Pose sa candidature à l'Académie française au fauteuil de Lacordaire. Deuxième édition des *Fleurs du mal*.

1862 : Renonce à sa candidature. Poulet-Malassis, éditeur de Baudelaire, est arrêté, condamné à la prison pour dettes puis incarcéré.

Les désillusions et la mort

1863 : Demande une subvention pour faire des conférences en Belgique. *L'Oeuvre et la vie d'Eugène Delacroix*. Poulet-Malassis s'exile en Belgique. *Le Peintre de la vie moderne*.

1864 : *Le Spleen de Paris*. Arrivée à Bruxelles. Conférence sur Delacroix. Déçu par l'accueil.

1865 : *Épigraphe pour un livre condamné*.

1866 : Poulet-Massis publie *Les Épaves*. Nouveaux troubles cérébraux ; état de santé aggravé. Ramené à Paris, entre dans une maison de santé. Les amis de Baudelaire obtiennent du ministre de l'Instruction publique qu'il subvienne aux dépenses de santé.

1867 : Mort de Charles Baudelaire le 31 août ; obsèques le 2 septembre : il est inhumé au cimetière Montparnasse dans le caveau familial, auprès du général Aupick, devant une assistance peu nombreuse.

Repères chronologiques

Événements historiques

1815-1824 :
Restauration. Règne de Louis XVIII.

1824-1830 :
Règne de Charles X.

1830 : Révolution de Juillet.

1830-1848 :
Monarchie de Juillet. Règne de Louis-Philippe.

1831 : Révolte des Canuts à Lyon.

1834 : Mouvements républicains.

1840 : Retour des cendres de l'Empereur.

Sciences et arts

1823-1825 :
Stendhal, *Racine et Shakespeare.*

1827 : Hugo, *Cromwell.*

1830 : Stendhal, *Le Rouge et le Noir.*

1830-1848 :
Balzac, *La Comédie humaine.*

1830 : Hugo, *Hernani.*

1831 : Hugo, *Notre-Dame de Paris.*

1833 : Musset, *Les Caprices de Marianne.*

1835-1840 :
Tocqueville, *De la démocratie en Amérique.*

1837 : Mérimée, *La Vénus d'Ille.*

1839 : Stendhal, *La Chartreuse de Parme.*

1840 : Hugo, *Les Rayons et les Ombres.*

1844 : Vigny, *La Maison du berger.*

1846-1847 :
Crise économique et financière.

1848 : Révolution en Europe. Seconde République en France.

1851 : Coup d'État de Louis-Napoléon Bonaparte, proclamé empereur.

1852-1870 :
Constitution du Second Empire.

1853 : Transformation de Paris par Haussmann.

1854-1860 :
Guerres de Crimée et d'Italie.

1855 : Exposition universelle à Paris (toiles de Courbet refusées).

1855-1869 :
Construction du canal de Suez.

1864 : Loi sur le travail ; droit de grève.

1867 : Exposition universelle à Paris.

1869 : Inauguration du canal de Suez.

1870 : Chute du Second Empire.

1848 : Mort de Chateaubriand.

1849 : Mort d'Edgar Poe.

1850 : Mort de Balzac.

1852 : Théophile Gautier, *Émaux et Camées,* Leconte de Lisle, *Poèmes antiques.*

1855 : Gérard de Nerval trouvé pendu.

1857 : Mort d'Alfred de Musset. Procès de Flaubert pour *Madame Bovary* (acquittement).

1858 : Le Louvre acquiert des tableaux espagnols (héritage du maréchal Soult).

1859 : Mort de Thomas de Quincey.

1863 : Mort d'Eugène Delacroix, mort d'Alfred de Vigny. *Les Destinées,* Vigny (publication (posthume). Manet, *Le Déjeuner sur l'herbe.*

1866 : Verlaine, *Poèmes saturniens.*

1867 : Marx, *Le Capital.*

Vie de l'auteur

1821 : Naissance à Paris le 9 avril.

1836 : Interne au lycée Louis-le-Grand.

1841 : Séjour à l'île Maurice.
1842 : Retour en France. Liaison avec Jeanne Duval.
1844 : Sa famille lui impose un conseil de tutelle et le prive de la fortune héritée de son père.
1847 : Rencontre avec Marie Daubrun.

1849 : Se lie d'amitié avec Courbet et Poulet-Malassis.

1852 : Première lettre à Mme Sabatier.

1854 : Amour pour Marie Daubrun.

1855 : Négociations pour la publication des Fleurs du mal.
1856 : Contrat signé avec Poulet-Malassis.
1857 : Publication et condamnation des Fleurs du mal.

1864 : Voyage à travers la Belgique.
1866 : Problèmes de santé. Retour à Paris.
1867 : Mort de Baudelaire le 31 août.

Les principales œuvres de Baudelaire

1851 : *Du vin et du haschisch comparés, comme moyens de multiplication de l'individualité.*

1856 : *Histoires extraordinaires* (traduction d'Edgar Poe).

1857 : *Les Fleurs du mal.*

1857 : *Nouvelles histoires extraordinaires* (traduction d'Edgar Poe).

1858 : *Le Haschisch* (première partie des *Paradis artificiels*). *Aventures d'Arthur Gordon Pym.*

1860 : *Un mangeur d'opium* (deuxième partie des *Paradis artificiels*). *Les Paradis artificiels.*

1861 : *Les Fleurs du mal* (2ᵉ éd. remaniée).

1869 : *Petits poèmes en prose.*

Avant de commencer la lecture

•••

Repères pour le sens

Les Fleurs du mal peuvent apparaître comme les confessions du mal-être d'une existence, mais il ne faut pas oublier qu'une création est autre chose que la vie de son auteur, elle la transcende.

Baudelaire se préoccupait de composer un ensemble ; cependant, avant toute tentative pour dégager "l'architecture" de ce recueil, la ligne de force d'un parcours spirituel — où l'arabesque est souvent préférée à une logique rectiligne —, il faut affirmer que *Les Fleurs du mal* trouvent leur unité dans leur qualité d'œuvre d'art.

Baudelaire lui-même nous donne la clef de son œuvre : "Tout enfant, j'ai senti dans mon cœur deux sentiments contradictoires, l'horreur de la vie et l'extase de la vie" (*Mon cœur mis à nu*, XL) ; "Il y a dans tout homme, à toute heure, deux postulations simultanées, l'une vers Dieu, l'autre vers Satan. L'invocation à Dieu ou spiritualité, est un désir de monter en grade ; celle de Satan, ou animalité, est une joie de descendre." (*ibid.*, XI) ; "Le goût de la concentration productive doit remplacer, chez un homme mûr, le goût de la déperdition." (*Fusées*, I). Tous ces contrastes montrent que le poète est écartelé entre deux pôles ou deux nécessités contraires. Le poète se sent pris dans l'étau de l'échec, du dégoût de soi et d'un quotidien médiocre, trivial, limité, contraignant, fade, et au milieu de cette grisaille, il aspire à la lumière, à l'accomplissement de soi, à la hauteur, à la plénitude, à l'illimité, à l'idéal. Ces oppositions s'imbriquent ; chaque élément se superpose à l'autre et n'a de sens que par rapport à l'autre. Le contraste entre le spleen et l'idéal, la fange et le ciel, Dieu et Satan, parcourt tout le recueil et même parfois chaque texte : constamment et simultanément chaque élément est ambivalent, et cela caractérise le drame de la dualité baudelairienne. Le poète se refuse à l'enlisement et sa lutte contre toutes les formes de ténèbres prend plusieurs voies. Baudelaire cherche le salut dans l'art, mais il a une conscience aiguë de son impuissance — en dépit de sa détermination et de sa volonté —, de ses incompétences, de ses manques, de ses fautes ; de plus, le temps qui "mange la vie" ("L'Ennemi") s'acharne à faire obstacle et à nuire à son entreprise ("La Muse vénale", "Le Mauvais moine", "Le

Guignon"). Par ailleurs, la beauté est une déesse marquée, elle aussi, par une double valeur : elle fascine par son "regard, infernal et divin", et le poète ignore si elle vient "du ciel ou de l'enfer", ce qui est sans importance car elle permet d'entrevoir un absolu : qu'il soit céleste ou démoniaque est indifférent, puisqu'il s'agit des deux faces de l'infini — Dieu et Satan sont complémentaires, puisque la conscience du mal engendre le remords et par conséquent, et en même temps, stimule le désir du bien ("Hymne à la Beauté"). L'insuccès résulte donc de ce que "L'Art est long et le Temps est court" ("Le Guignon") —.

Aucun des autres moyens envisagés pour retrouver une unité intérieure satisfaisante n'est univoque. L'amour possède des sortilèges, il procure parfois un agréable apaisement, parfois il provoque de douloureux conflits, et le plus souvent il est un enfer, un piège, une illusion, un poison plus mortel que l'opium ("Le Poison", "Le Vampire"). Le poète spleenétique, déjà accablé par le temps, ne parvient pas à trouver dans l'amour un recours contre l'antinomie de ses aspirations et la vie se réduit à une course à la mort ("L'Horloge", "Le goût du néant"). Paris, à la fois admirable et haïssable, ne dépayse pas le poète car il n'est que la correspondance de ses contradictions intérieures. "Le Vin" et le défi de "La Révolte", au nom d'un Satan tentateur — instrument de perversion et de destruction — et aussi consolateur, ne représentent que des échappatoires éphémères. Seule la mort pourra, peut-être, délivrer le poète et combler ses attentes ("Le Voyage"). Le poète se sent donc condamné, victime de la fatalité inexorable du temps, "gouffre" qui "a toujours soif" ("L'Horloge") ; il est terrassé par l'angoisse ("Spleen", LXXVIII) et il subit une déroute affective : "Ne cherchez plus mon cœur ; les bêtes l'ont mangé" ("Causerie"). En lui, tout est sinistre : "Mon cœur, comme un tambour voilé,/ Va battant des marches funèbres" ("Le Guignon").

Dans ces conditions, l'œuvre d'art, une fois accomplie, est l'unique remède à la division de l'être ; elle constitue une façon de triompher des imperfections et des frustrations de la vie, c'est une sorte de thérapeutique spirituelle contre des désirs incompatibles, antagonistes : quand le poète exprime sa perception dichotomique des choses, il en conjure les effets pervers. L'éclat insolite et surprenant des fleurs qui ont éclos, alors qu'elles ont poussé sur du vulgaire fumier, donne son sens à la démarche du poète, dont la mission est de transfigurer, d'illuminer par l'art et la beauté, la banalité, la laideur, le péché et la finitude propres à l'existence humaine : la rédemption s'opère grâce à l'alchimie du verbe et à l'unité sensorielle retrouvée grâce aux "Correspondances".

Histoire de l'œuvre

Mars 1846

Les *Stalactites* de Banville paraissent et la couverture annonce un volume au titre provocateur, *Les Lesbiennes*. La parution prochaine des *Lesbiennes*, poésies par Baudelaire Dufays est de nouveau signalée au mois de mai 1846 ; ce projet ne se concrétisera pas. Le 9 avril 1851, *Le Messager de l'Assemblée* publie, sous le titre *Les Limbes*, onze poèmes de Baudelaire : "Pluviôse irrité...", "Le Mauvais Moine", "L'Idéal", "Le Mort joyeux", "Les Chats", "La Mort des artistes", "La Mort des amants", "Le Tonneau de la haine", "De profundis clamavi", "La Cloche fêlée", "Les Hiboux".

1er juin 1855

La *Revue des Deux Mondes* publie, avec un titre jusqu'alors inédit, *Les Fleurs du mal*, dix-huit poèmes : "Au Lecteur", "Réversibilité", "Le Tonneau de la haine", "Confession", "L'Aube spirituelle", "La Destruction", "Un Voyage à Cythère", "L'Irréparable", "L'Invitation au voyage", "Moesta et Errabunda", "La Cloche fêlée", "L'Ennemi", "La Vie antérieure", "De Profundis clamavi", "Remords posthume", "Le Guignon", "Le Vampire", "L'Amour et le crâne".

30 décembre 1856

Un contrat est passé entre Baudelaire et la maison Poulet-Malassis et De Broise, à laquelle le poète vend *Les Fleurs du mal*. Le 4 février 1857, Baudelaire remet au correspondant parisien de Poulet-Malassis le manuscrit des *Fleurs du mal*. Le 25 juin 1857, *Les Fleurs du mal* sont mises en vente ; mais, dès le 7 juillet, le parquet est saisi pour délit d'outrage à la morale publique, et dix jours plus tard, une information est requise contre Baudelaire et ses éditeurs ; la saisie des exemplaires est également exigée (le 11, Baudelaire écrit à l'éditeur pour qu'il cache tous les volumes) ; le 20 août, le poète est condamné à une amende et doit supprimer six pièces. Cette première édition comportait cinquante-deux poèmes inédits.

1er janvier 1860

Baudelaire vend à Poulet-Malassis la deuxième édition des *Fleurs du mal* qui sera mise en vente en février 1861 : trente-cinq poèmes nouveaux, mais un seul inédit. Le 31 mars 1866, dans sa cinquième livraison, le *Parnasse contemporain* publie de *Nouvelles Fleurs du mal* qui proposent quinze pièces déjà connues : "Épigraphe pour un livre condamné", "L'Examen de minuit", "Madrigal triste", "À une Malabaraise", "L'Avertisseur", "Hymne", "la Voix", "Le Rebelle", "Le Jet d'eau", "Les Yeux de Berthe", "La Rançon", "Bien loin d'ici", "Recueillement", "Le Gouffre", "Les Plaintes d'un Icare".

19 décembre 1868

Chez Michel Lévy, est publié le tome I des *Œuvres complètes de Charles Baudelaire : Les Fleurs du mal*, 151 poèmes accompagnés d'une présentation du poète par Théophile Gautier ; le sonnet "À Théodore de Banville"est le seul texte inédit. Les pièces des "Épaves" qui n'ont pas été incluses dans ce volume, en particulier les pièces condamnées, seront publiées dans un *Complément aux Fleurs du mal de Charles Baudelaire* (Bruxelles, 1869).

31 mai 1949

La Cour de cassation réhabilite Baudelaire.

La demande en révision avait été faite dès 1929 par Louis Barthou, mais la législation en vigueur à l'époque rendait impossible la réhabilitation. Cette demande est devenue juridiquement possible le 25 septembre 1946 car une loi instituait pour les œuvres et les écrivains un pouvoir en révision à l'initiative de la Société des Gens de Lettres habilitée à présenter une requête au garde des Sceaux.

Le conseiller Falco a jugé recevable la requête du président de la Société des Gens de Lettres et a cassé le jugement rendu le 27 août 1857 et a déchargé la mémoire de Baudelaire, de Poulet-Malassis et de De Broise de la condamnation prononcée à leur encontre.

Les Fleurs du mal

(2e édition, 1861)

AU POÈTE IMPECCABLE

AU PARFAIT MAGICIEN ÈS LETTRES FRANÇAISE
À MON TRÈS CHER ET TRÈS VÉNÉRÉ

MAÎTRE ET AMI

THÉOPHILE GAUTIER

AVEC LES SENTIMENTS
DE LA PLUS PROFONDE HUMILITÉ

JE DÉDIE

CES FLEURS MALADIVES

C. B.

1. Avarice sordide.

2. Insectes parasites.

3. Mot d'origine grecque, qualifie souvent Hermès ; il signifie « trois fois grand », donc très grand. Ce nom est également donné par les Grecs au dieu égyptien Thot, qu'ils considéraient comme l'initiateur de tout le savoir humain. Les alchimistes voient en lui le fondateur de leur science occulte.

4. Soumis à une opération magique, ensorcelé (sens fort).

5. Faire passer à l'état de vapeur, donc anéantir.

6. Beautés de la femme qui séduisent, attraits.

7. Prostituée.

8. Vers parasites.

9. Faire bombance, se livrer à des excès de table (terme populaire).

10. Métaphore de la trame d'un ouvrage.

11. Femelle du chien de chasse, utilisée aussi pour une femme sensuelle.

12. Pipe des Hindous analogue au narguilé des Turcs.

13. Dans cette confession, où est absente l'idée de conversion, le poète interpelle le lecteur d'une manière provocante ; il l'invite à se reconnaître coupable, à se voir tel qu'il est dans le miroir que lui tend le « je ». Un lecteur sincère doit se sentir solidaire du poète, complice du péché général.

La sottise, l'erreur, le péché, la lésine[1],
Occupent nos esprits et travaillent nos corps,
Et nous alimentons nos aimables remords,
4 Comme les mendiants nourrissent leur vermine[2].

Nos péchés sont têtus, nos repentirs sont lâches ;
Nous nous faisons payer grassement nos aveux,
Et nous rentrons gaiement dans le chemin bourbeux,
8 Croyant par de vils pleurs laver toutes nos taches.

Sur l'oreiller du mal c'est Satan Trismégiste[3]
Qui berce longuement notre esprit enchanté[4],
Et le riche métal de notre volonté
12 Est tout vaporisé[5] par ce savant chimiste.

C'est le Diable qui tient les fils qui nous remuent !
Aux objets répugnants nous trouvons des appas[6] ;
Chaque jour vers l'Enfer nous descendons d'un pas,
16 Sans horreur, à travers des ténèbres qui puent.

Ainsi qu'un débauché pauvre qui baise et mange
Le sein martyrisé d'une antique catin[7],
Nous volons au passage un plaisir clandestin
20 Que nous pressons bien fort comme une vieille orange.

Serré, fourmillant, comme un million d'helminthes[8],
Dans nos cerveaux ribote[9] un peuple de Démons,
Et, quand nous respirons, la Mort dans nos poumons
24 Descend, fleuve invisible, avec de sourdes plaintes.

Si le viol, le poison, le poignard, l'incendie,
N'ont pas encor brodé de leurs plaisants dessins
Le canevas[10] banal de nos piteux destins,
28 C'est que notre âme, hélas ! n'est pas assez hardie.

Mais parmi les chacals, les panthères, les lices[11],
Les singes, les scorpions, les vautours, les serpents,
Les monstres glapissants, hurlants, grognants, rampants,
32 Dans la ménagerie infâme de nos vices,

Il en est un plus laid, plus méchant, plus immonde !
Quoiqu'il ne pousse ni grands gestes ni grands cris,
Il ferait volontiers de la terre un débris
36 Et dans un bâillement avalerait le monde ;

C'est l'Ennui ! — l'œil chargé d'un pleur involontaire,
Il rêve d'échafauds en fumant son houka[12].
Tu le connais, lecteur, ce monstre délicat,
40 — Hypocrite[13] lecteur, — mon semblable, — mon frère !

SPLEEN ET IDÉAL

I

BÉNÉDICTION

Lorsque, par un décret[1] des puissances suprêmes,
Le Poète apparaît en ce monde ennuyé[2],
Sa mère épouvantée et pleine de blasphèmes
4 Crispe ses poings vers Dieu, qui la prend en pitié :

— « Ah ! que n'ai-je mis bas tout un nœud de vipères,
Plutôt que de nourrir cette dérision [3] !
Maudite soit la nuit aux plaisirs éphémères
8 Où mon ventre a conçu mon expiation [4] !

Puisque tu m'as choisie entre toutes les femmes[5]
Pour être le dégoût de mon triste mari,
Et que je ne puis pas rejeter dans les flammes,
12 Comme un billet d'amour[6], ce monstre rabougri[7],

Je ferai rejaillir ta haine qui m'accable
Sur l'instrument maudit de tes méchancetés,
Et je tordrai si bien cet arbre misérable,
16 Qu'il ne pourra pousser ses boutons empestés ! »

Elle ravale ainsi l'écume de sa haine,
Et, ne comprenant pas les desseins éternels,
Elle-même prépare au fond de la Géhenne[8]
20 Les bûchers consacrés aux crimes maternels.

Pourtant, sous la tutelle invisible d'un Ange,
L'Enfant déshérité s'enivre de soleil,
Et dans tout ce qu'il boit et dans tout ce qu'il mange
24 Retrouve l'ambroisie[9] et le nectar vermeil.

Il joue avec le vent, cause avec le nuage,
Et s'enivre en chantant du chemin de la croix ;
Et l'Esprit[10] qui le suit dans son pèlerinage
28 Pleure de le voir gai comme un oiseau des bois.

Tous ceux qu'il veut aimer l'observent avec crainte,
Ou bien, s'enhardissant de sa tranquillité,
Cherchent à qui saura lui tirer une plainte,
32 Et font sur lui l'essai de leur férocité[11].

Dans le pain et le vin destinés à sa bouche
Ils mêlent de la cendre avec d'impurs crachats ;
Avec hypocrisie ils jettent ce qu'il touche,
36 Et s'accusent d'avoir mis leurs pieds dans ses pas.

1. Le poète est l'élu de la divinité ; il y a une dimension sacrée dans la vocation du poète.

2. Soumis à l'ennui (sens fort).

3. Objet de dérision, de moquerie.

4. Souffrance imposée pour racheter une faute précédente.

5. Formule inversée de la salutation angélique à la Vierge.

6. Lettre d'amour.

7. Chétif.

8. Terme biblique, synonyme de l'enfer.

9. Boisson des dieux de l'Olympe, susceptible de rendre immortel. Synonyme : nectar.

10. Référence chrétienne, au même titre que le « chemin de la croix » et le « pèlerinage », alors que d'autres formules se rattachent à l'univers païen (strophes 10, 11).

11. Persécution que le vulgaire fait subir au poète. Dans la strophe suivante, le poète est identifié aux prophètes de l'Ancien Testament rejetés par les foules impures et ignorantes. La malédiction du poète est un thème romantique ; ce rejet est le signe de l'appartenance du poète au divin. Cette malédiction est en fait la marque du sceau divin, c'est une « bénédiction ».

12. Les Baals. Ce nom est employé dans les langues sémitiques occidentales pour désigner les divinités locales de la fertilité, du sol et de l'orage. Dans la Bible, ils incarnent les faux dieux de Chanaan.

13. À rapprocher de l'éloge du maquillage qui est favorable à la femme, car cela l'éloigne du naturel.

14. Aromates, parfums orientaux employés dans les cérémonies religieuses.

15. Monstre mythique à visage de femme et serres de vautour.

16. Élément le plus pur extrait d'une substance.

17. Troupe des anges.

18. « Vertus », « Dominations » : hiérarchie des anges (Nouveau Testament).

19. La souffrance est purificatrice.

20. En relation avec un au-delà mystérieux.

21. En relation avec l'impôt ; faire payer, mettre à contribution.

22. Ancienne capitale de la Syrie, renommée aux IIe et IIIe siècles.

23. Avant la chute, avant le péché originel.

Sa femme va criant sur les places publiques :
« Puisqu'il me trouve assez belle pour m'adorer,
Je ferai le métier des idoles antiques[12],
40 Et comme elles je veux me faire redorer [13] ;

Et je me soûlerai de nard[14], d'encens, de myrrhe,
De génuflexions, de viandes et de vins,
Pour savoir si je puis dans un cœur qui m'admire
44 Usurper en riant les hommages divins !

Et, quand je m'ennuierai de ces farces impies,
Je poserai sur lui ma frêle et forte main ;
Et mes ongles, pareils aux ongles des harpies[15],
48 Sauront jusqu'à son cœur se frayer un chemin.

Comme un tout jeune oiseau qui tremble et qui palpite,
J'arracherai ce cœur tout rouge de son sein,
Et, pour rassasier ma bête favorite,
52 Je le lui jetterai par terre avec dédain ! »

Vers le Ciel, où son œil voit un trône splendide,
Le Poète serein lève ses bras pieux,
Et les vastes éclairs de son esprit lucide
56 Lui dérobent l'aspect des peuples furieux :

— « Soyez béni, mon Dieu, qui donnez la souffrance
Comme un divin remède à nos impuretés
Et comme la meilleure et la plus pure essence[16]
60 Qui prépare les forts aux saintes voluptés !

Je sais que vous gardez une place au Poète
Dans les rangs bienheureux des saintes Légions[17],
Et que vous l'invitez à l'éternelle fête
64 Des Trônes, des Vertus, des Dominations[18].

Je sais que la douleur est la noblesse unique[19]
Où ne mordront jamais la terre et les enfers,
Et qu'il faut pour tresser ma couronne mystique[20]
68 Imposer [21] tous les temps et tous les univers.

Mais les bijoux perdus de l'antique Palmyre[22],
Les métaux inconnus, les perles de la mer,
Par votre main montés, ne pourraient pas suffire
72 À ce beau diadème éblouissant et clair ;

Car il ne sera fait que de pure lumière,
Puisée au foyer saint des rayons primitifs[23],
Et dont les yeux mortels, dans leur splendeur entière,
76 Ne sont que des miroirs obscurcis et plaintifs ! »

II
L'ALBATROS

Souvent, pour s'amuser, les hommes d'équipage
Prennent des albatros, vastes oiseaux des mers,
Qui suivent, indolents compagnons de voyage,
4 Le navire glissant sur les gouffres amers.

À peine les ont-ils déposés [1] sur les planches[2],
Que ces rois de l'azur, maladroits et honteux,
Laissent piteusement leurs grandes ailes blanches
8 Comme des avirons traîner à côté d'eux.

Ce voyageur ailé, comme il est gauche et veule[3] !
Lui, naguère si beau, qu'il est comique et laid !
L'un agace son bec avec un brûle-gueule[4],
12 L'autre mime, en boitant, l'infirme qui volait !

Le Poète est semblable au prince des nuées[5]
Qui hante la tempête et se rit de l'archer [6] ;
Exilé sur le sol au milieu des huées,
16 Ses ailes de géant l'empêchent de marcher.

1. Mis sur le sol, mais la proximité du mot « roi » fait songer à la formule : déposer un roi, le dépouiller de sa dignité, de son autorité, ce qui est le cas de l'oiseau bafoué par les marins.

2. Terme dévalorisant pour le plancher du pont ; allusion à la scène d'un théâtre.

3. Sans volonté.

4. Courte pipe des matelots.

5. Gros nuages épais, annonciateurs de la tempête.

6. Tireur à l'arc, ce qui suggère l'idée de chasse.

III
ÉLÉVATION

Au-dessus des étangs, au-dessus des vallées,
Des montagnes, des bois, des nuages, des mers,
Par-delà le soleil, par-delà les éthers[1],
4 Par-delà les confins des sphères étoilées,

Mon esprit, tu te meus avec agilité,
Et, comme un bon nageur qui se pâme[2] dans l'onde,
Tu sillonnes gaiement l'immensité profonde
8 Avec une indicible et mâle volupté.

Envole-toi bien loin de ces miasmes [3] morbides[4] ;
Va te purifier dans l'air supérieur,
Et bois, comme une pure et divine liqueur,
12 Le feu clair qui remplit les espaces limpides.

Derrière les ennuis et les vastes chagrins
Qui chargent de leurs poids l'existence brumeuse,
Heureux celui qui peut d'une aile vigoureuse
16 S'élancer vers les champs lumineux et sereins ;

Celui dont les pensers[5], comme des alouettes,
Vers les cieux le matin prennent un libre essor,
— Qui plane sur la vie, et comprend sans effort
20 Le langage des fleurs et des choses muettes !

1. Fluide très subtil situé, d'après les anciens, au-dessus de l'atmosphère. Désigne l'air le plus pur, les espaces célestes.

2. Éprouver une grande jouissance.

3. Émanations pestilentielles.

4. Pathologiques.

5. Pensées.

"Élévation"

Ce poème évoque le désir de l'artiste de connaître une capacité créatrice pleine d'aisance et par conséquent euphorique. On peut citer deux passages de *La Peau de chagrin* de Balzac : "l'homme de génie" "va, en esprit, à travers les espaces, aussi facilement que les choses [...]" (préface), "[...] le plaisir de nager dans un lac d'eau pure, au milieu des rochers, des bois, des fleurs, seul, caressé par une brise tiède, donnerait aux ignorants une bien faible image du bonheur que j'éprouvais quand mon âme était baignée dans les lueurs de je ne sais quelle lumière, quand j'écoutais les voix terribles et confuses de l'inspiration, quand les images ruisselaient d'une source inconnue dans mon cerveau palpitant" (deuxième partie, "La Femme sans cœur", XIX).

■ Recherche d'une dynamique

a - Désir de fuir les médiocrités terrestres représentées par les "miasmes", par le champ lexical de l'obscurité : "brumeuse", par la morosité : "ennuis", "chagrins" et par la sensation d'écrasement : "poids".

b - Volonté de s'élever : la bipolarisation s'observe dans l'élan vers le haut après le choix du refus du bas. Les impératifs "Envole-toi", "Va", constituent un encouragement à faire preuve d'énergie. Il faut "s'élancer", manifester une force morale, de l'ardeur pour sortir des marais de la platitude intellectuelle.

c - Quête d'une purification : cette démarche doit désintoxiquer le poète : "pure", "purifier" (double diérèse du vers 10).

■ Caractéristiques de l'ascension

a - Montée progressive, par étapes : "Au-dessus" et anaphore de "Par-delà".

b - L'espace est de nature aérienne et liquide : "air", "aile", "alouettes", "plane", "nageur", "onde", "liqueur". Il s'agit pour le poète de flotter dans cet élément hybride.

c - Union : symbiose entre le poète et ce milieu ; la facilité dans les mouvements traduit cette insertion parfaite dans ce support spatial : "agilité", "sillonnes", "libre essor". Le poète éprouve un sentiment de bien-être dans cet état enchanteur dégagé des contraintes de la pesanteur. Une jouissance accompagne cette activité : "gaiement", "volupté", "se pâme".

d - Cette élévation produit une illumination : le champ lexical de la clarté, de la transparence est très présent : "clair", "limpides", "lumineux" ; la "divine liqueur" et l'"air supérieur" concrétisent l'accès réussi à un monde régénérant et sublime, nourriture de l'esprit de nouveau embrasé par l'inspiration. L'alternance du vocabulaire concret et du vocabulaire abstrait signifie que le mouvement du corps correspond à la remise en marche de l'esprit qui accède à la capacité de déchiffrer l'univers et ses énigmes inintelligibles au vulgaire : le poète "plane sur la vie, et comprend", il atteint l'essence spirituelle des choses.

Le mouvement vers les hauteurs libère Baudelaire de la matière et de la force d'attraction de la réalité vulgaire. Le poète veut nous rendre sensibles à la grâce délectable avec laquelle s'effectue cette démarche antithétique du spleen (associé au champ lexical de la descente, de la chute, du gouffre). Cependant, la formule "Heureux celui qui peut", introduit un correctif qui tempère la tonalité exaltée de cette évocation. Cette manière d'être est convoitée, "enviée", elle n'est pas effective, elle constitue un idéal à atteindre. La domination du réel par la pensée, la perception du sens des choses demeurent aussi à l'état de désir.

➤➤➤ Pour approfondir la réflexion

Ce poème fournit l'occasion de constater que la nature "réelle" (première strophe) doit être dominée pour permettre l'envol spirituel du poète. Seule la poésie donne son sens et sa beauté à la nature. La nature est une expression de la réflexion spirituelle.

Quelles caractéristiques allégoriques possèdent les paysages des *Fleurs du mal* ? Quelle image du poète suggèrent-ils?

→ "Parfum exotique", p. 37 ; "La Chevelure", p. 39 ; "Ciel brouillé", p. 72 ; "Alchimie de la douleur", p. 100 ; "Rêve parisien", p. 127.

IV
CORRESPONDANCES

1. Réalités qui renvoient à d'autres éléments.

2. Instrument à vent.

3. Ambre gris, concrétion intestinale du cachalot utilisée dans la composition des parfums.

4. Substance odorante produite par certains mammifères et utilisée en parfumerie.

5. Résine aromatique extraite d'un arbre de l'Asie méridionale, utilisée en médecine comme antiseptique.

La Nature est un temple où de vivants piliers
Laissent parfois sortir de confuses paroles ;
L'homme y passe à travers des forêts de symboles[1]
4 Qui l'observent avec des regards familiers.

Comme de longs échos qui de loin se confondent
Dans une ténébreuse et profonde unité,
Vaste comme la nuit et comme la clarté,
8 Les parfums, les couleurs et les sons se répondent.

Il est des parfums frais comme des chairs d'enfants,
Doux comme les hautbois[2], verts comme les prairies,
11 — Et d'autres, corrompus, riches et triomphants,

Ayant l'expansion des choses infinies,
Comme l'ambre[3], le musc[4], le benjoin[5] et l'encens,
14 Qui chantent les transports de l'esprit et des sens.

Lithographie pour Les Fleurs du mal, *d'Odilon Redon.*

Les correspondances

■ Une théorie philosophique

À l'origine, les correspondances font référence à la présence d'une structure métaphysique dans l'univers : le monde reflète la vie divine, le visible renvoie à l'invisible. Cette théorie est développée par le philosophe suédois Swedenborg (1688-1772) et son influence s'observe chez de nombreux écrivains, en particulier chez Balzac dans *Séraphîta* (1833-1835) : l'esprit angélique "puise la connaissance des choses dans le verbe, en apprenant **les correspondances** par lesquelles les mondes concordent avec les cieux".

"La lumière enfantait la mélodie, la mélodie enfantait la lumière, les couleurs étaient lumière et mélodie, le mouvement était un nombre doué de la parole ; [...] chaque chose se pénétrant l'une par l'autre, l'étendue était sans obstacle [...]. Ils comprirent les invisibles liens par lesquels les mondes matériels se rattachaient aux mondes spirituels [...] ils trouvèrent le principe des mélodies en entendant les chants du ciel qui donnaient les sensations des couleurs, des parfums, de la pensée, et qui rappelaient les innombrables détails de toutes les créations, comme un chant de la terre ranime d'infimes souvenirs d'amour" (Balzac, *Séraphîta*, éd. L'Harmattan, coll. "Les Introuvables", pp. 69, 162-163).

■ Une vision poétique du monde

Chez Baudelaire, nous trouvons des **synesthésies** (relations entre les différentes sensations) et un symbolisme. Les correspondances se présentent comme une technique artistique destinée à l'expression d'une vérité psychique propre à l'auteur. Le poète n'espère pas atteindre effectivement l'invisible : il s'agit d'une esthétique et non d'une mystique.

Les correspondances évoquent une fusion sensorielle dont certaines caractéristiques peuvent être rapprochées du récit des effets du haschisch : le vers "Les parfums, les couleurs et les sons se répondent" ("Correspondances", v. 8) fait songer aux formules suivantes : "Les sons ont une couleur, les couleurs ont une musique" (*Paradis artificiels*, IV, "Le Haschisch"). Les synesthésies permettent donc une perception autre du réel, et cette interpénétration des données sensorielles est un remède à l'écartèlement du poète entre des aspirations contradictoires :

"Ô métamorphose mystique
De tous mes sens fondus en un !
Son haleine fait la musique,
Comme sa voix fait le parfum !" ("Tout entière", v. 21-24, p. 61.)

Grâce au réseau des analogies, le poète rentre en possession de son unité originelle.

V

J'aime le souvenir de ces époques nues,
Dont Phœbus[1] se plaisait à dorer les statues.
Alors l'homme et la femme en leur agilité
Jouissaient sans mensonge et sans anxiété,
5 Et, le ciel amoureux leur caressant l'échine,
Exerçaient la santé de leur noble machine[2].
Cybèle[3] alors, fertile en produits généreux,
Ne trouvait point ses fils un poids trop onéreux,
Mais, louve[4] au cœur gonflé de tendresses communes,
10 Abreuvait l'univers à ses tétines brunes.
L'homme, élégant, robuste et fort, avait le droit
D'être fier des beautés qui le nommaient leur roi ;
Fruits purs de tout outrage et vierges de gerçures,
Dont la chair lisse et ferme appelait les morsures !

15 Le Poète aujourd'hui, quand il veut concevoir
Ces natives grandeurs, aux lieux où se font voir[5]
La nudité de l'homme et celle de la femme,
Sent un froid ténébreux envelopper son âme
Devant ce noir tableau plein d'épouvantement.
20 Ô monstruosités pleurant leur vêtement !
Ô ridicules troncs ! torses dignes des masques !
Ô pauvres corps tordus, maigres, ventrus ou flasques,
Que le dieu de l'Utile[6], implacable et serein,
Enfants, emmaillota dans ses langes d'airain[7] !
25 Et vous, femmes, hélas ! pâles comme des cierges,
Que ronge et que nourrit la débauche, et vous, vierges,
Du vice maternel traînant l'hérédité
Et toutes les hideurs[8] de la fécondité !

Nous avons, il est vrai, nations corrompues,
30 Aux peuples anciens des beautés inconnues[9] :
Des visages rongés par les chancres[10] du cœur,
Et comme qui dirait des beautés de langueur ;
Mais ces inventions de nos muses tardives
N'empêcheront jamais les races maladives
35 De rendre à la jeunesse un hommage profond,
— À la sainte jeunesse, à l'air simple, au doux front,
À l'œil limpide et clair ainsi qu'une eau courante,
Et qui va répandant sur tout, insouciante
Comme l'azur du ciel, les oiseaux et les fleurs,
40 Ses parfums, ses chansons et ses douces chaleurs !

VI

LES PHARES [1]

Rubens[2], fleuve d'oubli, jardin de la paresse,
Oreiller de chair fraîche où l'on ne peut aimer,
Mais où la vie afflue et s'agite sans cesse,
4 Comme l'air dans le ciel et la mer dans la mer ;

Léonard de Vinci[3], miroir profond et sombre,
Où des anges charmants, avec un doux souris[4]
Tout chargé de mystère, apparaissent à l'ombre
8 des glaciers et des pins qui ferment leur pays ;

Rembrandt[5], triste hôpital tout rempli de murmures,
Et d'un grand crucifix décoré seulement,
Où la prière en pleurs s'exhale des ordures,
12 Et d'un rayon d'hiver traversé brusquement ;

Michel-Ange[6], lieu vague où l'on voit des Hercules
Se mêler à des Christs, et se lever tout droits
Des fantômes puissants qui dans les crépuscules
16 Déchirent leur suaire[7] en étirant leurs doigts ;

Colères de boxeur, impudences de faune,
Toi qui sus ramasser la beauté des goujats[8],
Grand cœur gonflé d'orgueil, homme débile et jaune,
20 Puget[9], mélancolique empereur des forçats ;

Watteau[10], ce carnaval où bien des cœurs illustres,
Comme des papillons, errent en flamboyant,
Décors frais et légers éclairés par des lustres
24 Qui versent la folie à ce bal tournoyant ;

Goya[11], cauchemar plein de choses inconnues,
De fœtus qu'on fait cuire au milieu des sabbats[12],
De vieilles au miroir et d'enfants toutes nues,
28 Pour tenter les démons ajustant bien leurs bas ;

Delacroix[13], lac de sang hanté des mauvais anges,
Ombragé par un bois de sapins toujours vert,
Où, sous un ciel chagrin, des fanfares étranges
32 Passent, comme un soupir étouffé de Weber[14] ;

Ces malédictions, ces blasphèmes, ces plaintes,
Ces extases, ces cris, ces pleurs, ces *Te Deum*,
Sont un écho redit par mille labyrinthes ;
36 C'est pour les cœurs mortels un divin opium !

1. Artistes qui nous éclairent intellectuellement.
2. Peintre flamand (1577-1640).
3. Artiste de l'école florentine (1452-1519).
4. Sourire.
5. Peintre et graveur hollandais (1606-1669).
6. Peintre, sculpteur, architecte et poète italien (1475-1564).
7. Linceul.
8. Sens ancien de « valets d'armée ».
9. Sculpteur français (1620-1694).
10. Peintre français (1684-1721).
11. Peintre espagnol (1746-1828).
12. Assemblée nocturne de sorciers et de sorcières à minuit, sous la présidence de Satan.
13. Peintre français (1798-1863).
14. Compositeur allemand (1786-1826).

C'est un cri répété par mille sentinelles,
Un ordre renvoyé par mille porte-voix ;
C'est un phare allumé sur mille citadelles,
40 Un appel de chasseurs perdus dans les grands bois !

Car c'est vraiment, Seigneur, le meilleur témoignage
Que nous puissions donner de notre dignité
Que cet ardent sanglot qui roule d'âge en âge
44 Et vient mourir au bord de votre éternité !

VII
LA MUSE MALADE

1. Image du miroir : le visage renvoie la marque de la folie.

2. Démon féminin.

3. Petit démon familier (farfadet) au caractère malicieux apparaissant la nuit et s'amusant à faire des farces.

4. Espiègle.

5. Fait référence à un épisode de la vie de Marius. Après la prise de Préneste, poursuivi par les soldats de Sylla, Marius trouve refuge dans les marécages de Minturnes.

Ma pauvre muse, hélas ! qu'as-tu donc ce matin ?
Tes yeux creux sont peuplés de visions nocturnes,
Et je vois tour à tour réfléchies[1] sur ton teint
4 La folie et l'horreur, froides et taciturnes.

Le succube[2] verdâtre et le rose lutin[3]
T'ont-ils versé la peur et l'amour de leurs urnes ?
Le cauchemar, d'un poing despotique et mutin[4],
8 T'a-t-il noyée au fond d'un fabuleux Minturnes[5] ?

Je voudrais qu'exhalant l'odeur de la santé
Ton sein de pensers forts fût toujours fréquenté,
11 Et que ton sang chrétien coulât à flots rythmiques

Comme les sons nombreux des syllabes antiques,
Où règnent tour à tour le père des chansons,
14 Phœbus, et le grand Pan, le seigneur des moissons.

VIII
LA MUSE VÉNALE

1. Vent du nord.

2. Reste d'une bûche dont une partie a déjà été brûlée.

3. Marquées de taches violacées dues au froid.

4. Faire des compliments exagérés.

5. Chant latin d'action de grâces pour la gloire de Dieu ; paroles excessivement louangeuses.

Ô muse de mon cœur, amante des palais,
Auras-tu, quand Janvier lâchera ses Borées[1],
Durant les noirs ennuis des neigeuses soirées,
4 Un tison[2] pour chauffer tes deux pieds violets ?

Ranimeras-tu donc tes épaules marbrées[3]
Aux nocturnes rayons qui percent les volets ?
Sentant ta bourse à sec autant que ton palais,
8 Récolteras-tu l'or des voûtes azurées ?

Il te faut, pour gagner ton pain de chaque soir,
Comme un enfant de chœur, jouer de l'encensoir[4],
11 Chanter des Te Deum[5] auxquels tu ne crois guère,

Ou, saltimbanque[6] à jeun, étaler tes appas
Et ton rire trempé de pleurs qu'on ne voit pas,
14 Pour faire épanouir la rate du vulgaire.

6. Personne qui divertit le public par ses acrobaties, des tours divers.

IX

LE MAUVAIS MOINE

Les cloîtres[1] anciens sur leurs grandes murailles
Étalaient en tableaux la sainte Vérité,
Dont l'effet, réchauffant les pieuses entrailles,
4 Tempérait la froideur de leur austérité.

En ces temps où du Christ florissaient les semailles[2],
Plus d'un illustre moine, aujourd'hui peu cité,
Prenant pour atelier le champ des funérailles,
8 Glorifiait la Mort avec simplicité.

— Mon âme est un tombeau que, mauvais cénobite[3],
Depuis l'éternité je parcours et j'habite ;
11 Rien n'embellit les murs de ce cloître[4] odieux.

Ô moine fainéant ! quand saurai-je donc faire
Du spectacle vivant de ma triste misère
14 Le travail de mes mains et l'amour de mes yeux ?

1. Par extension, monastères.

2. Fait allusion à une époque où les monastères étaient riches, et les moines grassement nourris, grâce à la générosité des fidèles.

3. Le poète vit seul, en ermite, il serait plutôt un anachorète ; le cénobite vit en communauté. À prendre dans le sens général de « moine ».

4. Partie du monastère interdite aux profanes et fermée par une enceinte.

X

L'ENNEMI

Ma jeunesse ne fut qu'un ténébreux orage,
Traversé çà et là par de brillants soleils ;
Le tonnerre et la pluie ont fait un tel ravage,
4 Qu'il reste en mon jardin bien peu de fruits vermeils[1].

Voilà que j'ai touché l'automne des idées,
Et qu'il faut employer la pelle et les râteaux
Pour rassembler à neuf[2] les terres inondées,
8 Où l'eau creuse des trous grands comme des tombeaux.

Et qui sait si les fleurs nouvelles que je rêve
Trouveront dans ce sol lavé comme une grève[3]
11 Le mystique aliment qui ferait leur vigueur ?

— Ô douleur ! ô douleur ! Le Temps mange la vie,
Et l'obscur Ennemi qui nous ronge le cœur
14 Du sang que nous perdons croît et se fortifie !

1. D'un rouge vif. Les autres fruits sont ternes.

2. De manière à redonner l'état du neuf ; il s'agit de restaurer, de remettre le sol épuisé en bon état pour le rendre à nouveau fertile. Cela concerne, métaphoriquement, l'inspiration du poète.

3. Terrain plat au bord de la mer ou d'un cours d'eau.

1. La malchance.

2. Fils d'Éole, fondateur de Corinthe, célèbre pour ses ruses, condamné à rouler éternellement un rocher en remontant une pente. Cette tâche astreignante devait l'empêcher de songer à une astuce pour s'échapper des Enfers.

3. Dont la sonorité manque d'éclat.

4. Répand.

XI
LE GUIGNON[1]

Pour soulever un poids si lourd,
Sisyphe[2], il faudrait ton courage !
Bien qu'on ait du cœur à l'ouvrage,
4 L'Art est long et le Temps est court.

Loin des sépultures célèbres,
Vers un cimetière isolé,
Mon cœur, comme un tambour voilé[3],
8 Va battant des marches funèbres.

— Maint joyau dort enseveli
Dans les ténèbres et l'oubli,
11 Bien loin des pioches et des sondes ;

Mainte fleur épanche[4] à regret
Son parfum doux comme un secret
14 Dans les solitudes profondes.

XII
LA VIE ANTÉRIEURE

1. Galerie ouverte dont la voûte est soutenue, selon le cas, par une ou deux rangées de colonnes.

2. Le basalte est une roche volcanique formant des coulées de couleur sombre, qui peuvent avoir la forme de tuyaux d'orgue.

3. Mouvement de la mer sous la forme d'une succession d'ondes sans déferlement des vagues.

4. Mystérieuse.

5. Feuilles de palmier.

6. Creuser, aviver.

J'ai longtemps habité sous de vastes portiques[1]
Que les soleils marins teignaient de mille feux,
Et que leurs grands piliers, droits et majestueux,
4 Rendaient pareils, le soir, aux grottes basaltiques[2].

Les houles[3], en roulant les images des cieux,
Mêlaient d'une façon solennelle et mystique[4]
Les tout-puissants accords de leur riche musique
8 Aux couleurs du couchant reflété par mes yeux.

C'est là que j'ai vécu dans les voluptés calmes,
Au milieu de l'azur, des vagues, des splendeurs
11 Et des esclaves nus, tout imprégnés d'odeurs,

Qui me rafraîchissaient le front avec des palmes[5],
Et dont l'unique soin était d'approfondir[6]
14 Le secret douloureux qui me faisait languir.

"La Vie antérieure"

Ce poème offre une représentation d'un paradis tropical évoqué par le vocabulaire de l'immensité et de la pluralité, mais il constitue également un exemple illustrant la mise en œuvre de la théorie des correspondances. Le lecteur observe une fusion des lignes et des éléments.

■ Une fusion spatiale

Les lignes droites, verticales, des "portiques", des "piliers", des "grottes basaltiques" se mêlent à l'horizontalité de la mer et aux lignes courbes des "houles" et des "palmes". La matière minérale, figée, est associée à l'élément marin, liquide et mobile. Une relation harmonieuse lie avec bonheur l'ouvrage de l'homme et l'ouvrage de la nature : les "portiques" sont imprégnés, teints, par la couleur du soleil et ils sont comparables aux "grottes basaltiques". La nature et l'art se correspondent dans une union parfaite.

Les yeux rassemblent deux infinis, ils reflètent le ciel, qui est lui-même reflété par la mer : "Les houles, en roulant les images des cieux". Le verbe "Mêlaient" et l'utilisation du chiasme : houles/cieux (v. 5), azur/vagues (v. 10) renforcent cette union.

■ Une alliance sensorielle

La "musique" de la mer renvoie aux "couleurs" du ciel. La vue, l'ouïe, l'olfaction ("odeurs") et le toucher (v. 12) s'interpénètrent. L'idéal d'harmonie est représenté par cette synthèse ("mille", v. 2 ; "unique", v. 13). Le poète est au cœur de cette unité retrouvée, "Au milieu de l'azur, des vagues, des splendeurs" où "Les parfums, les couleurs et les sons se répondent".

➤➤➤ Pour approfondir la réflexion

Les synesthésies sont une constante de l'esthétique baudelairienne (voir page-fenêtre n° 2). Dans "Les Petites Vieilles" (p. 117), une vieille femme "humait" un "chant" (III, v. 58). Trois poèmes peuvent faire l'objet d'une étude dans cette perspective : "Parfum exotique" (p. 37), "La Chevelure" (en particulier dans la strophe 4, p. 39), "L'Invitation au voyage" (dans la strophe 2, p. 75).

XIII
BOHÉMIENS EN VOYAGE

1. Allusion à Moïse qui fit jaillir l'eau du rocher pendant la traversée du désert.

La tribu prophétique aux prunelles ardentes
Hier s'est mise en route, emportant ses petits
Sur son dos, ou livrant à leurs fiers appétits
4 Le trésor toujours prêt des mamelles pendantes.

Les hommes vont à pied sous leurs armes luisantes
Le long des chariots où les leurs sont blottis,
Promenant sur le ciel des yeux appesantis
8 Par le morne regret des chimères absentes.

Du fond de son réduit sablonneux, le grillon,
Les regardant passer, redouble sa chanson ;
11 Cybèle, qui les aime, augmente ses verdures,

Fait couler le rocher[1] et fleurir le désert
Devant ces voyageurs, pour lesquels est ouvert
14 L'empire familier des ténèbres futures.

XIV
L'HOMME ET LA MER

1. Ondulation de la mer qui déferle et écume ; synonyme, moins courant, de vague.

Homme libre, toujours tu chériras la mer !
La mer est ton miroir ; tu contemples ton âme
Dans le déroulement infini de sa lame[1],
4 Et ton esprit n'est pas un gouffre moins amer.

Tu te plais à plonger au sein de ton image ;
Tu l'embrasses des yeux et des bras, et ton cœur
Se distrait quelquefois de sa propre rumeur
8 Au bruit de cette plainte indomptable et sauvage.

Vous êtes tous les deux ténébreux et discrets :
Homme, nul n'a sondé le fond de tes abîmes ;
Ô mer, nul ne connaît tes richesses intimes,
12 Tant vous êtes jaloux de garder vos secrets !

Et cependant voilà des siècles innombrables
Que vous vous combattez sans pitié ni remord,
Tellement vous aimez le carnage et la mort,
16 Ô lutteurs éternels, ô frères implacables !

XV

DON JUAN AUX ENFERS

Quand Don Juan descendit vers l'onde souterraine
Et lorsqu'il eut donné son obole[1] à Charon[2],
Un sombre mendiant[3], l'œil fier comme Antisthène[4],
4 D'un bras vengeur et fort saisit chaque aviron.

Montrant leurs seins pendants et leurs robes ouvertes,
Des femmes se tordaient sous le noir firmament,
Et, comme un grand troupeau de victimes offertes,
8 Derrière lui traînaient un long mugissement.

Sganarelle en riant lui réclamait ses gages,
Tandis que Don Luis avec un doigt tremblant
Montrait à tous les morts errant sur les rivages
12 Le fils audacieux qui railla son front blanc.

Frissonnant sous son deuil, la chaste et maigre Elvire,
Près de l'époux perfide et qui fut son amant,
Semblait lui réclamer un suprême sourire
16 Où brillât la douceur de son premier serment.

Tout droit dans son armure, un grand homme de pierre
Se tenait à la barre et coupait le flot noir ;
Mais le calme héros, courbé sur sa rapière,
20 Regardait le sillage et ne daignait rien voir.

1. Petite contribution en argent ; pièce de monnaie placée dans la bouche des morts lors de leur ensevelissement au cours des rites funéraires de l'antiquité.

2. Personnage mythologique chargé de faire passer les morts sur l'autre rive à travers les marais de l'Achéron, fleuve des Enfers.

3. Désigne le pauvre du *Dom Juan* de **Molière**.

4. Philosophe grec, disciple de Socrate, chef de l'école cynique, maître de Diogène. Méprise les grandeurs, les richesses, combat les passions, considère que la vertu est le bien suprême. Il a choisi de vivre comme un pauvre avec le bâton et la besace.

XVI

CHÂTIMENT DE L'ORGUEIL

En ces temps merveilleux où la Théologie
Fleurit avec le plus de sève et d'énergie,
On raconte qu'un jour un docteur des plus grands[1],
— Après avoir forcé les cœurs indifférents ;
5 Les avoir remués dans leurs profondeurs noires ;
Après avoir franchi vers les célestes gloires
Des chemins singuliers à lui-même inconnus,
Où les purs Esprits seuls peut-être étaient venus, —
Comme un homme monté trop haut, pris de panique,
10 S'écria, transporté d'un orgueil satanique :
« Jésus, petit Jésus ! je t'ai poussé bien haut !
Mais, si j'avais voulu t'attaquer au défaut
De l'armure, ta honte égalerait ta gloire,
Et tu ne serais plus qu'un fœtus dérisoire ! »

1. Cette anecdote concerne Simon de Tournai.

2. Tissu léger de soie
ou de laine ; désigne
également le tissu noir
porté en signe de deuil.

15 Immédiatement sa raison s'en alla.
L'éclat de ce soleil d'un crêpe[2] se voila ;
Tout le chaos roula dans cette intelligence,
Temple autrefois vivant, plein d'ordre et d'opulence,
Sous les plafonds duquel tant de pompe avait lui.
20 Le silence et la nuit s'installèrent en lui,
Comme dans un caveau dont la clef est perdue.
Dès lors il fut semblable aux bêtes de la rue,
Et, quand il s'en allait sans rien voir, à travers
Les champs, sans distinguer les étés des hivers,
25 Sale, inutile et laid comme une chose usée,
Il faisait des enfants la joie et la risée.

XVII
LA BEAUTÉ

1. Sculpture dont la
réalisation correspond,
par sa perfection, à la
représentation d'un
idéal imaginaire.
2. Chez les Égyptiens
et chez les Grecs (épi-
sode d'Œdipe), mons-
tre légendaire à corps
de lion et à tête hu-
maine. Personnalité
énigmatique.

Je suis belle, ô mortels ! comme un rêve de pierre[1],
Et mon sein, où chacun s'est meurtri tour à tour,
Est fait pour inspirer au poète un amour
4 Éternel et muet ainsi que la matière.

Je trône dans l'azur comme un sphinx[2] incompris ;
J'unis un cœur de neige à la blancheur des cygnes ;
Je hais le mouvement qui déplace les lignes,
8 Et jamais je ne pleure et jamais je ne ris.

Les poètes, devant mes grandes attitudes,
Que j'ai l'air d'emprunter aux plus fiers monuments,
11 Consumeront leurs jours en d'austères études ;

Car j'ai, pour fasciner ces dociles amants,
De purs miroirs qui font toutes choses plus belles :
14 Mes yeux, mes larges yeux aux clartés éternelles !

XVIII
L'IDÉAL

1. Dessins d'encadre-
ment de certaines gra-
vures ; il s'agit de jolis
visages de femmes inté-
grés dans un motif or-
nemental. La petitesse
nuit à ce genre de tra-
vail artistique.
2. Doigts osseux.

Ce ne seront jamais ces beautés de vignettes[1],
Produits avariés, nés d'un siècle vaurien,
Ces pieds à brodequins, ces doigts à castagnettes[2],
4 Qui sauront satisfaire un cœur comme le mien.

Je laisse à Gavarni, poète des chloroses,
Son troupeau gazouillant de beautés d'hôpital,
Car je ne puis trouver parmi ces pâles roses
8 Une fleur qui ressemble à mon rouge idéal.

Ce qu'il faut à ce cœur profond comme un abîme,
C'est vous, Lady Macbeth, âme puissante au crime,
11 Rêve d'Eschyle[3] éclos au climat des autans[4] ;

Ou bien toi, grande Nuit, fille de Michel-Ange,
Qui tors paisiblement dans une pose étrange
14 Tes appas façonnés aux bouches des Titans !

3. Poète tragique grec auteur de la trilogie de l'*Orestie* **et des** *Perses* **(525-456).**
4. Vent violent de l'Angleterre de Shakespeare.

XIX
LA GÉANTE

Du temps que la Nature en sa verve puissante
Concevait chaque jour des enfants monstrueux,
J'eusse aimé vivre auprès d'une jeune géante,
4 Comme aux pieds d'une reine un chat voluptueux.

J'eusse aimé voir son corps fleurir avec son âme
Et grandir librement dans ses terribles jeux ;
Deviner si son cœur couve une sombre flamme
8 Aux humides brouillards qui nagent dans ses yeux ;

Parcourir à loisir ses magnifiques formes ;
Ramper sur le versant de ses genoux énormes,
11 Et parfois en été, quand les soleils malsains,

Lasse, la font s'étendre à travers la campagne,
Dormir nonchalamment à l'ombre de ses seins,
14 Comme un hameau paisible au pied d'une montagne.

XX
LE MASQUE

STATUE ALLÉGORIQUE DANS LE GOÛT
DE LA RENAISSANCE

À Ernest Christophe, statuaire.

Contemplons ce trésor de grâces florentines ;
Dans l'ondulation de ce corps musculeux
L'Élégance et la Force abondent, sœurs divines.
Cette femme, morceau vraiment miraculeux,
5 Divinement robuste, adorablement mince,
Est faite pour trôner sur des lits somptueux,
Et charmer les loisirs d'un pontife[1] ou d'un prince.

1. Haut dignitaire religieux.

2. Insolente satisfaction de soi-même.

3. À la grâce affectée.

4. Qui a deux têtes.

5. Trompeur.

— Aussi, vois ce souris fin et voluptueux
Où la Fatuité² promène son extase ;
10 Ce long regard sournois, langoureux et moqueur ;
Ce visage mignard³, tout encadré de gaze,
Dont chaque trait nous dit avec un air vainqueur :
« La Volupté m'appelle et l'Amour me couronne ! »
À cet être doué de tant de majesté
15 Vois quel charme excitant la gentillesse donne !
Approchons, et tournons autour de sa beauté.

Ô blasphème de l'art ! ô surprise fatale !
La femme au corps divin, promettant le bonheur,
Par le haut se termine en monstre bicéphale⁴ !

20 — Mais non ! ce n'est qu'un masque, un décor
[suborneur⁵,
Ce visage éclairé d'une exquise grimace,
Et, regarde, voici, crispée atrocement,
La véritable tête, et la sincère face
Renversée à l'abri de la face qui ment.
25 Pauvre grande beauté ! le magnifique fleuve
De tes pleurs aboutit dans mon cœur soucieux ;
Ton mensonge m'enivre, et mon âme s'abreuve
Aux flots que la Douleur fait jaillir de tes yeux !

— Mais pourquoi pleure-t-elle ? Elle, beauté parfaite
30 Qui mettrait à ses pieds le genre humain vaincu,
Quel mal mystérieux ronge son flanc d'athlète ?

— Elle pleure, insensé, parce qu'elle a vécu !
Et parce qu'elle vit ! Mais ce qu'elle déplore
Surtout, ce qui la fait frémir jusqu'aux genoux,
35 C'est que demain, hélas ! il faudra vivre encore !
Demain, après-demain et toujours ! — comme nous !

XXI

HYMNE À LA BEAUTÉ

Viens-tu du ciel profond ou sors-tu de l'abîme,
Ô Beauté ? ton regard, infernal et divin,
Verse confusément le bienfait et le crime,
4 Et l'on peut pour cela te comparer au vin.

Tu contiens dans ton œil le couchant et l'aurore ;
Tu répands des parfums comme un soir orageux ;
Tes baisers sont un philtre[1] et ta bouche une amphore[2]
8 Qui font le héros lâche et l'enfant courageux.

Sors-tu du gouffre noir ou descends-tu des astres ?
Le Destin charmé suit tes jupons comme un chien ;
Tu sèmes au hasard la joie et les désastres,
12 Et tu gouvernes tout et ne réponds de rien.

Tu marches sur des morts, Beauté, dont tu te moques ;
De tes bijoux l'Horreur n'est pas le moins charmant,
Et le Meurtre, parmi tes plus chères breloques[3]
16 Sur ton ventre orgueilleux danse amoureusement.

L'éphémère[4] ébloui vole vers toi, chandelle,
Crépite[5], flambe et dit : Bénissons ce flambeau !
L'amoureux pantelant[6] incliné sur sa belle
20 A l'air d'un moribond caressant son tombeau.

Que tu viennes du ciel ou de l'enfer, qu'importe,
Ô Beauté ! monstre énorme, effrayant, ingénu !
Si ton œil, ton souris[7], ton pied, m'ouvrent la porte
24 D'un Infini que j'aime et n'ai jamais connu ?

De Satan ou de Dieu, qu'importe ? Ange ou Sirène[8],
Qu'importe, si tu rends, — fée aux yeux de velours,
Rythme, parfum, lueur, ô mon unique reine ! —
28 L'univers moins hideux et les instants moins lourds ?

1. Breuvage magique qui a la propriété d'inspirer l'amour ou une autre passion.

2. Vase antique à deux anses, pansu, au pied étroit, utilisé pour conserver les aliments.

3. Petit bijou attaché à une chaîne de montre ou à un bracelet.

4. Insecte semblable à une petite libellule qui, à l'état adulte, ne vit qu'un seul jour.

5. Produit une succession de bruits secs.

6. Suffoqué par l'émotion.

7. Sourire.

8. Animal fabuleux doté d'une tête et d'une poitrine de femme et d'une queue de poisson, attirant par le charme de son chant les navigateurs sur les écueils (épisode des aventures d'Ulysse). Femme séduisante par sa grâce.

La beauté

◼ Un thème obsédant

Chez Baudelaire, tout converge vers la quête du beau. De nombreuses formules traduisent l'importance préférentielle accordée à cet objectif : "Le *Beau* est l'unique ambition, le but exclusif du Goût" ; Baudelaire précise "La condition génératrice des œuvres d'art, c'est-à-dire l'amour exclusif du Beau, l'*Idée fixe*" (*Théophile Gautier*). Cette recherche du beau est la vocation du poète qui porte en lui un désir insatiable d'illimité. Le voyage maritime est l'occasion de préciser que c'est l'homme qui représente paradoxalement l'absence de limites : "Berçant notre infini sur le fini des mers" ("Le Voyage", v. 8, p. 157). Le désir d'accéder à la beauté relève comme "les vices de l'homme" de "son goût de l'infini" (*Les Paradis artificiels*, "Opium et haschisch", "Le poème du haschisch", I, "Le Goût de l'infini").

◼ Une figure ambivalente

La beauté est conçue comme "un rêve de pierre" ("La Beauté", v. 1, p. 31) ; elle est célébrée comme une idole altière, inaccessible, elle est une souveraine fascinante mais aussi crucifiante pour les artistes qui "consumeront leurs jours en d'austères études" (*ibid.*, v. 11).

La beauté a un pouvoir magique, elle exerce des sortilèges comme une femme : l'art est la passion du poète, mais c'est aussi un "monstre énorme, effrayant, ingénu !" ("Hymne à la Beauté", V. 22, p. 34). Le poète nous présente l'ambivalence de la beauté : satanique ou angélique, elle est dotée d'un effet alchimique : "C'est un des privilèges prodigieux de l'Art que l'horrible, artistiquement exprimé, devienne beauté, et que la *douleur* rythmée et cadencée remplisse l'esprit d'une *joie* calme" (*Théophile Gautier*, IV).

Dans *Fusées* (X), le poète affirme qu'il ne conçoit "guère [...] un type de Beauté où il n'y ait du *Malheur* [...]". Le grand poète tente, comme l'alchimiste, la réalisation du "grand œuvre". Il s'efforce d'opérer la transmutation de la réalité. Comme le soleil, "il ennoblit le sort des choses les plus viles" ("Le Soleil", v. 18, p. 110) ; "[...] la sculpture [...] solennise tout [...] elle donne à tout ce qui est humain quelque chose d'éternel..." (*Salon de 1859*, VIII, "Sculpture". Parfois, le génie du poète, "Hermès inconnu", produit une étrange conversion des choses : "Par toi je change l'or en fer" "Alchimie de la douleur", v. 5, 9, p. 100).

Cependant, le poète transmue sa vision funèbre grâce au pouvoir transfigurateur des mots : la beauté est donc une fleur du mal qui n'est pas toujours appréciée car "*le beau est toujours bizarre*" (*Exposition universelle de 1855*). L'accession à cet idéal est une tâche difficile, car il faut dépasser les données du réel : "la nature ne donne rien d'absolu, ni même de complet" (*Salon de 1846,* VII, "De l'idéal et du modèle"), "Qui oserait assigner à l'art la fonction stérile d'imiter la nature ?" (*Le Peintre de la vie moderne,* XI, "Éloge du maquillage"). Par contre, "Toute idée est, par elle-même, douée d'une vie immortelle, comme une personne. Toute forme créée, même par l'homme, est immortelle. Car la forme est indépendante de la matière, et ce ne sont pas les molécules qui constituent la forme" (*Mon cœur mis à nu,* XLIII).

■ Le drame de la création artistique

L'artiste est un nouveau Prométhée qui s'efforce de concrétiser son rêve et se livre à de "subtils complots". Tel "Sisyphe" ("Le Guignon", p. 27), il recommence souvent et il échoue ; "il en est qui jamais n'ont connu leur Idole ("La Mort des artistes", v. 9, p. 156). Malgré tous ses efforts, il est rare que l'artiste fasse coïncider ses ambitions et la réalisation, l'impression et l'expression, qu'il ne succombe pas à la tentation de n'être qu'un "saltimbanque" ("La Muse vénale", v. 12, p. 26). Cette déception est traduite dans "Le *Confiteor* de l'artiste" (*Petits Poèmes en prose,* III) :

"Et maintenant la profondeur du ciel me consterne ; sa limpidité m'exaspère. L'insensibilité de la mer, l'immuabilité du spectacle, me révoltent... Ah ! faut-il éternellement souffrir, ou fuir éternellement le beau ? Nature, enchanteresse sans pitié, rivale toujours victorieuse, laisse-moi ! Cesse de tenter mes désirs et mon orgueil ! L'étude du beau est un duel où l'artiste crie de frayeur avant d'être vaincu."

Un rapprochement est possible avec *Le Chef-d'œuvre inconnu,* de Balzac (1831): "La mission de l'art n'est pas de copier la nature, mais de l'exprimer !" ; "La beauté est une chose sévère et difficile qui ne se laisse point atteindre ainsi, il faut attendre ses heures, l'épier, la presser et l'enlacer étroitement pour la forcer à se rendre."

XXII

PARFUM EXOTIQUE

1. Uniques par leurs caractéristiques hors du commun.

2. Terme technique : bateaux à qui les mouvements tumultueux de la mer ont fait subir quelques dommages.

3. Grand arbre des régions tropicales.

4. Au sens de « marins ».

Quand, les deux yeux fermés, en un soir chaud
[d'automne,
Je respire l'odeur de ton sein chaleureux,
Je vois se dérouler des rivages heureux
4 Qu'éblouissent les feux d'un soleil monotone ;

Une île paresseuse où la nature donne
Des arbres singuliers[1] et des fruits savoureux ;
Des hommes dont le corps est mince et vigoureux,
8 Et des femmes dont l'œil par sa franchise étonne.

Guidé par ton odeur vers de charmants climats,
Je vois un port rempli de voiles et de mâts
11 Encor tout fatigués[2] par la vague marine,

Pendant que le parfum des verts tamariniers[3],
Qui circule dans l'air et m'enfle la narine,
14 Se mêle dans mon âme au chant des mariniers[4].

*Lithographie
de Leonor Fini
illustrant
« Parfum exotique ».*

Poésie et jeux rhétoriques

"Parfum exotique" comporte plusieurs figures de rhétorique :

- L'**hypallage** : "Une île paresseuse où la nature donne".

La qualification de l'île concerne en réalité le comportement du poète.

- L'**hyperbole** : "Je vois se dérouler des rivages heureux".

L'utilisation du pluriel amplifie l'importance, et donc la qualité de l'espace.

- La **synecdoque** : "Je vois un port rempli de voiles et de mâts".

Les navires sont désignés par une partie de leurs constituants.

- La **paronomase** : "Encor tout fatigués par la vague marine,

            [...]

        Qui circule dans l'air et m'enfle la narine".

Les mots "marine" et "narine", de prononciation identique, associent plus étroitement les sensations et le sentiment d'évasion.

"Le Voyage" (p. 157) s'achève sur une métaphore maritime :

"Ô Mort, vieux capitaine, il est temps ! levons l'ancre !" (VIII, v. 137).

Sans élément introduisant formellement la comparaison, l'allégorie de la mort est assimilée à un commandant de navire qui se dispose au départ vers l'autre monde, avec le poète à son bord.

➤➤➤ **Pour approfondir la réflexion**

→ Voir Glossaire page 183.

a - Identifiez les figures de style présentes dans les formules suivantes :
- "antre taciturne" ("Le Jeu", v. 15, p. 123) ;
- "Il est amer et doux" ("La Cloche fêlée", v. 1, p. 94) ;

b - Relevez les métaphores de "L'Ennemi" (p. 26) et de "La Cloche fêlée" (p. 94).

c - Expliquez et justifiez l'utilisation de l'oxymore dans "Chant d'automne" I (p. 79) et dans "De profundis clamavi" (p. 46).

d - Identifiez le procédé stylistique présent dans les exemples suivants. Indiquez l'effet obtenu et précisez ce qui en motive l'emploi :
- "Valse mélancolique et langoureux vertige" ("Harmonie du soir", v. 4, p. 64) ;
- "Car j'ignore où tu fuis, tu ne sais où je vais" ("À une passante", v. 13, p. 120) ;

e - Quel procédé est en œuvre dans l'emploi des mots "rocs" et "cor" ("Le Cygne", II, v. 32, 50, p. 113) ? Montrez que le passage de l'un à l'autre éclaire la cohérence du poème.

XXIII

LA CHEVELURE

1. Terme désuet pour
« nonchalance ».

2. Couleur d'un beau
noir.

3. Étoffe à reflets
changeants.

4. Image d'une étoffe
enveloppante, d'une
construction circulaire
qui sert d'abri, d'une
voûte. La chevelure est
une sorte de tente ma-
gique sous laquelle le
poète s'abandonne aux
délices de l'imaginaire.

5. Restituez.

Ô toison, moutonnant jusque sur l'encolure !
Ô boucles ! Ô parfum chargé de nonchaloir[1] !
Extase ! Pour peupler ce soir l'alcôve obscure
Des souvenirs dormant dans cette chevelure,
5 Je la veux agiter dans l'air comme un mouchoir !

La langoureuse Asie et la brûlante Afrique,
Tout un monde lointain, absent, presque défunt,
Vit dans tes profondeurs, forêt aromatique !
Comme d'autres esprits voguent sur la musique,
10 Le mien, ô mon amour ! nage sur ton parfum.

J'irai là-bas où l'arbre et l'homme, pleins de sève,
Se pâment longuement sous l'ardeur des climats ;
Fortes tresses, soyez la houle qui m'enlève !
Tu contiens, mer d'ébène[2], un éblouissant rêve
15 De voiles, de rameurs, de flammes et de mâts :

Un port retentissant où mon âme peut boire
À grands flots le parfum, le son et la couleur ;
Où les vaisseaux, glissant dans l'or et dans la moire[3],
Ouvrent leurs vastes bras pour embrasser la gloire
20 D'un ciel pur où frémit l'éternelle chaleur.

Je plongerai ma tête amoureuse d'ivresse
Dans ce noir océan où l'autre est enfermé ;
Et mon esprit subtil que le roulis caresse
Saura vous retrouver, ô féconde paresse,
25 Infinis bercements du loisir embaumé !

Cheveux bleus, pavillon[4] de ténèbres tendues,
Vous me rendez[5] l'azur du ciel immense et rond ;
Sur les bords duvetés de vos mèches tordues
Je m'enivre ardemment des senteurs confondues
30 De l'huile de coco, du musc et du goudron.

Longtemps ! toujours ! ma main dans ta crinière lourde
Sèmera le rubis, la perle et le saphir,
Afin qu'à mon désir tu ne sois jamais sourde !
N'es-tu pas l'oasis où je rêve, et la gourde
35 Où je hume à longs traits le vin du souvenir ?

"La Chevelure"

Au poème des *Fleurs du mal* correspond, dans *Le Spleen de Paris*, une version en prose, intitulée :

"Un Hémisphère dans une chevelure"

Laisse-moi respirer longtemps, longtemps, l'odeur de tes cheveux, y plonger tout mon visage, comme un homme altéré dans l'eau d'une source, et les agiter avec ma main comme un mouchoir odorant, pour secouer des souvenirs dans l'air.

Si tu pouvais savoir tout ce que je vois ! tout ce que je sens ! tout ce que j'entends dans tes cheveux ! Mon âme voyage sur le parfum comme l'âme des autres hommes sur la musique.

Tes cheveux contiennent tout un rêve, plein de voilures et de mâtures ; ils contiennent de grandes mers dont les moussons me portent vers de charmants climats, où l'espace est plus beau et plus profond ; où l'atmosphère est parfumée par les fruits, par les feuilles et par la peau humaine.

Dans l'océan de ta chevelure, j'entrevois un port fourmillant de chants mélancoliques, d'hommes vigoureux de toutes nations et de navires de toutes formes découpant leurs architectures fines et compliquées sur un ciel immense où se prélasse l'éternelle chaleur.

Dans les caresses de ta chevelure, je retrouve les langueurs des longues heures passées sur un divan, dans la chambre d'un beau navire, bercées par le roulis imperceptible du port, entre les pots de fleurs et les gargoulettes rafraîchissantes.

Dans l'ardent foyer de ta chevelure, je respire l'odeur du tabac mêlé à l'opium et au sucre ; dans la nuit de ta chevelure, je vois resplendir l'infini de l'azur tropical ; sur les rivages duvetés de ta chevelure, je m'enivre des odeurs combinées du goudron, du musc et de l'huile de coco.

Laisse-moi mordre longtemps tes tresses lourdes et noires. Quand je mordille tes cheveux élastiques et rebelles, il me semble que je mange des souvenirs.

Dans les deux textes, faites la synthèse des formes que revêt l'évasion exotique (les odeurs, les mouvements, les métaphores, la nature des espaces, la traduction marine et céleste du besoin d'infini).

Confrontez les deux versions. Étudiez-en la spécificité en songeant à un passage de la dédicace des *Petits poèmes en prose* (*Le Spleen de Paris*) adressé à Arsène Houssaye : "Quel est celui de nous qui n'a pas, dans ses jours d'ambition, rêvé le miracle d'une prose poétique, musicale sans rythme et sans rime, assez souple et assez heurtée pour s'adapter aux mouvements lyriques de l'âme, aux ondulations de la rêverie, aux soubresauts de la conscience ?"

Comparez les ressources respectives du vers et de la prose (strophes, paragraphes, constructions syntaxiques, techniques de la mise en relief, alliances de mots, utilisation des sonorités, schémas rythmiques...).

►►► Pour approfondir la réflexion

Le navire est souvent associé à l'évocation amoureuse. Étudiez les effets produits par ce rapprochement entre la femme et le vaisseau dans "Le Serpent qui danse" (p. 43) et "Le Beau Navire" (p. 73).

Illustration de A. Rassenfosse pour Les Fleurs du mal *(XIXᵉ).*

XXIV

Je t'adore à l'égal de la voûte nocturne,
Ô vase de tristesse, ô grande taciturne,
Et t'aime d'autant plus, belle, que tu me fuis,
Et que tu me parais, ornement de mes nuits,
5 Plus ironiquement accumuler les lieues[1]
Qui séparent mes bras des immensités bleues.

Je m'avance à l'attaque, et je grimpe aux assauts,
Comme après un cadavre un chœur[2] de vermisseaux, [3]
Et je chéris, ô bête implacable et cruelle !
10 Jusqu'à cette froideur par où tu m'es plus belle !

1. Ancienne mesure itinéraire (4 kilomètres environ).
2. Troupe, groupe.
3. Petits vers.

XXV

Tu mettrais l'univers entier dans ta ruelle[1],
Femme impure ! L'ennui rend ton âme cruelle.
Pour exercer tes dents à ce jeu singulier,
Il te faut chaque jour un cœur au râtelier[2].
5 Tes yeux, illuminés ainsi que des boutiques
Et des ifs[3] flamboyants dans les fêtes publiques,
Usent insolemment d'un pouvoir emprunté,
Sans connaître jamais la loi de leur beauté.

Machine aveugle et sourde, en cruautés féconde !
10 Salutaire instrument, buveur du sang du monde,
Comment n'as-tu pas honte et comment n'as-tu pas
Devant tous les miroirs vu pâlir tes appas ?
La grandeur de ce mal où tu te crois savante
Ne t'a donc jamais fait reculer d'épouvante,
15 Quand la nature, grande en ses desseins cachés,
De toi se sert, ô femme, ô reine des péchés,
— De toi, vil animal, — pour pétrir un génie ?

Ô fangeuse[4] grandeur ! sublime ignominie[5] !

1. Espace libre entre le lit et le mur. Allusion à cette partie de la chambre où des dames de haut rang tenaient salon au XVIIᵉ siècle.
2. Assemblage à claire-voie de barres de bois, placé au-dessus de la mangeoire, destiné à recevoir le fourrage donné aux animaux. Le cœur est la pâture de la femme.
3. Arbre à feuillage persistant.
4. Moralement souillée, méprisable.
5. Déshonneur extrême.

XXVI

SED NON SATIATA[1]

Bizarre déité, brune comme les nuits,
Au parfum mélangé de musc et de havane,
Œuvre de quelque obi[2], le Faust de la savane,
4 Sorcière au flanc d'ébène, enfant des noirs minuits,

Je préfère au constance, à l'opium, aux nuits,
L'élixir de ta bouche où l'amour se pavane ;

1. Titre latin : « mais non repue » ; allusion à Messaline, femme de Claude, mère de Britannicus, célèbre pour ses débauches évoquées dans la 6ᵉ satire de Juvénal.
2. Sorcier noir.

3. Fleuve des Enfers.
4. L'une des trois Harpies ou Furies, divinités des châtiments.
5. Reine des Enfers.

Quand vers toi mes désirs partent en caravane,
8 Tes yeux sont la citerne où boivent mes ennuis.

Par ces deux grands yeux noirs, soupirauxde ton âme,
Ô démon sans pitié ! verse-moi moins de flamme ;
11 Je ne suis pas le Styx[3] pour t'embrasser neuf fois,

Hélas ! et je ne puis, Mégère[4] libertine,
Pour briser ton courage et te mettre aux abois,
14 Dans l'enfer de ton lit devenir Proserpine [5] !

XXVII

1. Les psylles, charmeurs de serpents en Orient.

Avec ses vêtements ondoyants et nacrés,
Même quand elle marche on croirait qu'elle danse,
Comme ces longs serpents que les jongleurs sacrés[1]
4 Au bout de leurs bâtons agitent en cadence.

Comme le sable morne et l'azur des déserts,
Insensibles tous deux à l'humaine souffrance,
Comme les longs réseaux de la houle des mers,
8 Elle se développe avec indifférence.

Ses yeux polis sont faits de minéraux charmants,
Et dans cette nature étrange et symbolique
11 Où l'ange inviolé se mêle au sphinx antique,

Où tout n'est qu'or, acier, lumière et diamants,
Resplendit à jamais, comme un astre inutile,
14 La froide majesté de la femme stérile.

XXVIII
LE SERPENT QUI DANSE

1. Odeur irritante.

Que j'aime voir, chère indolente,
 De ton corps si beau,
Comme une étoffe vacillante,
4 Miroiter la peau !

Sur ta chevelure profonde
 Aux âcres[1] parfums,
Mer odorante et vagabonde
8 Aux flots bleus et bruns,

Comme un navire qui s'éveille
 Au vent du matin,
Mon âme rêveuse appareille
12 Pour un ciel lointain.

43

Tes yeux, où rien ne se révèle
  De doux ni d'amer,
Sont deux bijoux froids où se mêle
16 L'or avec le fer.

À te voir marcher en cadence,
  Belle d'abandon,
On dirait un serpent qui danse
20 Au bout d'un bâton.

Sous le fardeau de ta paresse
  Ta tête d'enfant
Se balance avec la mollesse
24 D'un jeune éléphant,

Et ton corps se penche et s'allonge
  Comme un fin vaisseau
Qui roule bord sur bord et plonge
28 Ses vergues[2] dans l'eau.

Comme un flot grossi par la fonte
  Des glaciers grondants,
Quand l'eau de ta bouche remonte
32 Au bord de tes dents,

Je crois boire un vin de Bohême,
  Amer et vainqueur,
Un ciel liquide qui parsème
36 D'étoiles mon cœur !

2. Longue pièce de bois effilée à ses extrémités, placée en travers d'un mât pour soutenir et orienter la voile.

XXIX

UNE CHAROGNE

Rappelez-vous l'objet que nous vîmes, mon âme,
  Ce beau matin d'été si doux :
Au détour d'un sentier une charogne infâme
4   Sur un lit semé de cailloux,

Les jambes en l'air, comme une femme lubrique[1],
  Brûlante et suant les poisons,
Ouvrait d'une façon nonchalante et cynique
8   Son ventre plein d'exhalaisons[2].

Le soleil rayonnait sur cette pourriture,
  Comme afin de la cuire à point,
Et de rendre au centuple à la grande Nature
12   Tout ce qu'ensemble elle avait joint ;

1. Sensuelle.

2. Émanations, odeurs.

3. En putréfaction, en décomposition.

4. Panier large, à fond plat, muni de deux anses, destiné à secouer les grains pour les débarrasser de toutes leurs impuretés (paille, etc.).

Et le ciel regardait la carcasse superbe
Comme une fleur s'épanouir.
La puanteur était si forte, que sur l'herbe
16   Vous crûtes vous évanouir.

Les mouches bourdonnaient sur ce ventre putride[3],
D'où sortaient de noirs bataillons
De larves, qui coulaient comme un épais liquide
20   Le long de ces vivants haillons.

Tout cela descendait, montait comme une vague,
Ou s'élançait en pétillant ;
On eût dit que le corps, enflé d'un souffle vague,
24   Vivait en se multipliant.

Et ce monde rendait une étrange musique,
Comme l'eau courante et le vent,
Ou le grain qu'un vanneur d'un mouvement rythmique
28   Agite et tourne dans son van[4].

Les formes s'effaçaient et n'étaient plus qu'un rêve,
Une ébauche lente à venir,
Sur la toile oubliée, et que l'artiste achève
32   Seulement par le souvenir.

Derrière les rochers une chienne inquiète
Nous regardait d'un œil fâché,
Épiant le moment de reprendre au squelette
36   Le morceau qu'elle avait lâché.

— Et pourtant vous serez semblable à cette ordure,
À cette horrible infection,
Étoile de mes yeux, soleil de ma nature,
40   Vous, mon ange et ma passion !

Oui ! telle vous serez, ô la reine des grâces,
Après les derniers sacrements,
Quand vous irez, sous l'herbe et les floraisons grasses,
44   Moisir parmi les ossements.

Alors, ô ma beauté ! dites à la vermine
Qui vous mangera de baisers,
Que j'ai gardé la forme et l'essence divine
48   De mes amours décomposés !

XXX

DE PROFUNDIS CLAMAVI[1]

J'implore ta pitié, Toi, l'unique que j'aime,
Du fond du gouffre obscur où mon cœur est tombé.
C'est un univers morne à l'horizon plombé,
4 Où nagent dans la nuit l'horreur et le blasphème ;

Un soleil sans chaleur plane au-dessus six mois,
Et les six autres mois la nuit couvre la terre ;
C'est un pays plus nu que la terre polaire ;
8 — Ni bêtes, ni ruisseaux, ni verdure, ni bois !

Or il n'est pas d'horreur au monde qui surpasse
La froide cruauté de ce soleil de glace
11 Et cette immense nuit semblable au vieux Chaos [2] ;

Je jalouse le sort des plus vils animaux
Qui peuvent se plonger dans un sommeil stupide,
14 Tant l'écheveau[3] du temps lentement se dévide !

1. Prière pour les morts : « Du fond de l'abîme, j'ai crié vers toi... ».

2. Néant avant la création. Vide obscur et sans bornes, selon les Anciens.

3. Assemblage de fils repliés et retenus par un lien.

XXXI

LE VAMPIRE

Toi qui, comme un coup de couteau,
Dans mon cœur plaintif es entrée ;
Toi qui, forte comme un troupeau
4 De démons, vins, folle et parée,

De mon esprit humilié
Faire ton lit et ton domaine ;
— Infâme à qui je suis lié
8 Comme le forçat à la chaîne,

Comme au jeu le joueur têtu,
Comme à la bouteille l'ivrogne,
Comme aux vermines la charogne,
12 — Maudite, maudite sois-tu !

J'ai prié le glaive rapide
De conquérir ma liberté,
Et j'ai dit au poison perfide
16 De secourir ma lâcheté.

Hélas ! le poison et le glaive
M'ont pris en dédain et m'ont dit :
« Tu n'es pas digne qu'on t'enlève
20 À ton esclavage maudit,

Imbécile ! — de son empire
Si nos efforts te délivraient,
Tes baisers ressusciteraient
24 Le cadavre de ton vampire ! »

*Frontispice gravé
par L. Riche pour
Les Fleurs du mal.*

"Le Vampire"

Ce poème appartient au cycle consacré à Jeanne Duval. Composé d'octosyllabes, il est constitué de deux parties formées d'un ensemble de deux strophes aux rimes croisées suivies d'une strophe aux rimes embrassées. Ce texte va au-delà du constat d'un échec amoureux, il montre le supplice de toute existence aliénée par manque de volonté libératrice. La puissance du vampire et la situation de sa victime sont les deux thèmes fondamentaux de ce poème.

■ La puissance du vampire

a - La domination du vampire est traduite en termes de mouvement : "es entrée" (v. 2), "vins" (v. 4) ; il agit et s'impose. Par le rapprochement avec une blessure provoquée par un "couteau" (v. 1), le vampire est comparé à un envahisseur brutal dont l'intrusion a des conséquences traumatisantes, martyrisantes.

b - Le triomphe du vampire s'effectue par le recours à diverses ruses ; la séduction de la coquetterie ("parée", v. 4) donne le pouvoir au vampire dont la vraie nature est révélée par la comparaison avec le "troupeau de démons". Le rejet et l'idée de nombre renforcent l'idée de puissance en lui donnant une connotation négative : le vampire est irrésistible ; à la fois bestial et satanique, il est imperméable au langage de la raison ("folle", v. 4).

c - Le vampire est inflexible, il n'est pas accessible à la pitié ; le "cœur plaintif" (v. 2) du poète ne l'émeut pas et il exerce son "empire" (v. 21) en méprisant d'une manière outrageante ce dont il se rend propriétaire : "faire ton lit et ton domaine" (v. 6), "humilié" (v. 5).

d - Une preuve indubitable de la force du vampire est à déduire du fait que, pour s'en débarrasser, il est nécessaire de faire appel à un adversaire supérieur, plus habile et plus sournois que lui : "rapide" (v. 13), "perfide" (v. 15). Il faut surpasser le vampire, se servir d'artifices supérieurs pour le prendre au dépourvu.

■ La situation du poète

a - Le poète est une victime soumise. La demande d'aide pour "conquérir" sa "liberté" prouve qu'il en a été privé, dépossédé. Les mots "esclavage", "délivraient", la formule "je suis lié" (v. 7), indiquent une condition de prisonnier. L'attachement au vampire est un asservissement dégradant.

b - La récurrence d'une structure comparative — caractérisée par une diversification du rythme obtenue grâce au jeu des coupes — introduit une gradation dans la nature de la chaîne. Le forçat est entravé et il subit un châtiment matériel ; toutefois, il peut garder une liberté spirituelle ; avec le "jeu" et le "vin", la prison est mentale puisqu'il s'agit de mauvais penchants, de vices qui aliènent la personnalité ; la décomposition de la "charogne" et ses conséquences relatives à la présence de "vermines" (v. 13) est un processus fatal. Une logique inéluctable et maléfique semble lier le poète et le vampire.

c - Le poète est impuissant face au vampire ; la répétition des imprécations prononcées contre le vampire montre la limite des interventions possibles du poète. Il en est réduit à maudire l'instrument de sa propre malédiction. Le poète avoue sa "lâcheté" : "J'ai prié", "j'ai dit", "secourir", démontrent que le poète ne peut plus agir par lui-même, qu'il dépend du bon vouloir d'objets extérieurs à lui ("nos efforts") ; leur refus ("Tu n'es pas digne", v. 19, "ressusciteraient", v. 23) met en évidence la responsabilité du poète dans la présence du vampire.

L'oppression exercée par le vampire se nourrit de la faiblesse du poète qui est complice de son bourreau et consent à sa propre servitude. Le mal est intérieur et cette sujétion tragique évoque la situation des hommes décrite dans "Chacun sa chimère" (*Petits poèmes en prose*) : "Aucun de ces voyageurs n'avait l'air irrité contre la bête féroce suspendue à son cou et collée à son dos ; on eût dit qu'il la considérait comme faisant partie de lui-même."

►►► Pour approfondir la réflexion

Les thèmes de la communion démoniaque et de l'enfer de l'amour ne se limitent pas à ce poème.

Sous quelle forme apparaissent-ils dans "Sed non satiata" (p. 42) et dans "Femmes damnées" (p. 140) ?

XXXII

Une nuit que j'étais près d'une affreuse Juive,
Comme au long d'un cadavre un cadavre étendu,
Je me pris à songer près de ce corps vendu
4 À la triste beauté dont mon désir se prive.

Je me représentai sa majesté native,
Son regard de vigueur et de grâces armé,
Ses cheveux qui lui font un casque parfumé,
8 Et dont le souvenir pour l'amour me ravive.

Car j'eusse avec ferveur baisé ton noble corps,
Et depuis tes pieds frais jusqu'à tes noires tresses
11 Déroulé le trésor des profondes caresses,

Si, quelque soir, d'un pleur obtenu sans effort
Tu pouvais seulement, ô reine des cruelles !
14 Obscurcir la splendeur de tes froides prunelles.

XXXIII

REMORDS POSTHUME

Lorsque tu dormiras, ma belle ténébreuse,
Au fond d'un monument construit en marbre noir,
Et lorsque tu n'auras pour alcôve et manoir
4 Qu'un caveau pluvieux et qu'une fosse creuse ;

Quand la pierre, opprimant ta poitrine peureuse
Et tes flancs qu'assouplit un charmant nonchaloir,
Empêchera ton cœur de battre et de vouloir,
8 Et tes pieds de courir leur course aventureuse,

Le tombeau, confident de mon rêve infini
(Car le tombeau toujours comprendra le poète),
11 Durant ces grandes nuits d'où le somme est banni,

Te dira : « Que vous sert, courtisane imparfaite,
De n'avoir pas connu ce que pleurent les morts ? »
14 — Et le ver rongera ta peau comme un remords.

XXXIV

LE CHAT

Viens, mon beau chat, sur mon cœur amoureux ;
Retiens les griffes de ta patte,
Et laisse-moi plonger dans tes beaux yeux,
4 Mêlés de métal et d'agate[1].

1. Pierre fine aux teintes contrastées.

Lorsque mes doigts caressent à loisir
Ta tête et ton dos élastique,
Et que ma main s'enivre du plaisir
8   De palper ton corps électrique,

Je vois ma femme en esprit. Son regard,
Comme le tien, aimable bête,
11 Profond et froid, coupe et fend comme un dard[2],

Et, des pieds jusques à la tête,
Un air subtil, un dangereux parfum
14   Nagent autour de son corps brun.

XXXV

DUELLUM[1]

Deux guerriers ont couru l'un sur l'autre ; leurs armes
Ont éclaboussé l'air de lueurs et de sang.
Ces jeux, ces cliquetis du fer sont les vacarmes
4   D'une jeunesse en proie à l'amour vagissant[2].

Les glaives sont brisés ! comme notre jeunesse,
Ma chère ! Mais les dents, les ongles acérés,
Vengent bientôt l'épée et la dague traîtresse.
8   — Ô fureur des cœurs mûrs par l'amour ulcérés !

Dans le ravin hanté des chats-pards[3] et des onces[4]
Nos héros, s'étreignant méchamment, ont roulé,
11 Et leur peau fleurira l'aridité des ronces.

— Ce gouffre, c'est l'enfer, de nos amis peuplé !
Roulons-y sans remords, amazone[5] inhumaine,
14 Afin d'éterniser l'ardeur de notre haine !

XXXVI

LE BALCON

Mère des souvenirs, maîtresse des maîtresses,
Ô toi, tous mes plaisirs ! ô toi, tous mes devoirs !
Tu te rappelleras la beauté des caresses,
La douceur du foyer et le charme des soirs,
5   Mère des souvenirs, maîtresse des maîtresses !

Les soirs illuminés par l'ardeur du charbon,
Et les soirs au balcon, voilés de vapeurs roses.
Que ton sein m'était doux ! que ton cœur m'était bon !
Nous avons dit souvent d'impérissables choses
10 Les soirs illuminés par l'ardeur du charbon.

Que les soleils sont beaux dans les chaudes soirées !
Que l'espace est profond ! que le cœur est puissant !
En me penchant vers toi, reine des adorées,
Je croyais respirer le parfum de ton sang.
15 Que les soleils sont beaux dans les chaudes soirées !

La nuit s'épaississait ainsi qu'une cloison,
Et mes yeux dans le noir devinaient tes prunelles,
Et je buvais ton souffle, ô douceur ! ô poison !
Et tes pieds s'endormaient dans mes mains fraternelles.
20 La nuit s'épaississait ainsi qu'une cloison.

Je sais l'art d'évoquer les minutes heureuses,
Et revis mon passé blotti dans tes genoux.
Car à quoi bon chercher tes beautés langoureuses
Ailleurs qu'en ton cher corps et qu'en ton cœur si doux ?
25 Je sais l'art d'évoquer les minutes heureuses !

Ces serments, ces parfums, ces baisers infinis,
Renaîtront-ils d'un gouffre interdit à nos sondes,
Comme montent au ciel les soleils rajeunis
Après s'être lavés au fond des mers profondes ?
30 — Ô serments ! ô parfums ! ô baisers infinis !

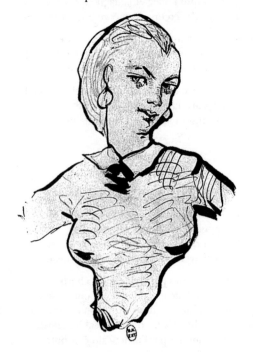

*Portrait
de Jeanne Duval
par Baudelaire.*

"Le Balcon"

Poème consacré à Jeanne Duval et paru en 1857, "Le Balcon" est composé de quatrains de rimes croisées avec reprise du vers 1. Le poète évoque des moments privilégiés du passé. Nous envisagerons l'étude de l'ambivalence des représentations de l'amour et l'idéalisation de celui-ci dans le souvenir.

■ Les diverses facettes de l'amour

a - Le poète se remémore des décors et des moments différents : "douceur du foyer" (v. 4), "soirs illuminés par l'ardeur du charbon" (v. 10) ; la chaleur du décor intérieur est complétée par l'agrément d'un décor extérieur lors des "chaudes soirées" (v. 11), "les soirs au balcon" (v. 7). La douceur de la coloration des "vapeurs roses" (v. 7) apporte un halo de mystère à l'intimité amoureuse, et la qualité de l'éclat du soleil renforce la magie de cette ambiance chaleureuse. La nuit succède au soir, le flou se transforme, sa consistance devient opaque : "s'épaississait ainsi qu'une cloison" (v. 16). La nuit est un refuge, elle peut être conçue comme une prison favorisant un huis clos angoissant ; cependant, dans cette obscurité, les yeux de Jeanne empêchent le poète de se perdre.

b - La réconciliation de la tendresse et de la sensualité est rendue possible : "parfum de ton sang" (v. 14), "je buvais ton souffle" (v. 18), "sein", "caresses", "baisers", "prunelles". Le "corps" est mis en parallèle avec le "cœur" ; la dualité "douceur/poison" est atténuée. L'affection complète la volupté passionnelle : "mes mains fraternelles" (v. 19), "blotti dans tes genoux" (v. 22). L'épithète "doux" qualifie le "sein" et le "cœur" ; les "beautés" du corps accompagnent la "bonté" du cœur : la chair et ses séductions ne sont plus incompatibles avec l'amitié paisible.

■ L'idéalisation de l'amour

a - La majesté, la solennité de l'amour s'expriment par des termes qui divinisent la femme : "reine des adorées" (v. 13), "infinis" (v. 30). La femme est exaltée et les conversations abordent "d'impérissables choses" (v. 9) ; ce terme vague n'est pas dévalorisant, il figure l'ineffable, l'intemporel.

b - De nombreuses constructions traduisent la ferveur du poète : les apostrophes symétriques, la multiplication des tournures exclamatives soulignent le caractère exceptionnel de la relation passée ; toutes les anaphores de "que" montrent à quel point le poète exulte en ressuscitant le passé. Les pluriels de "soirs", de "soleils", de "plaisirs" et de "devoirs" ont une valeur hyperbolique ; les singuliers des mots abstraits "douceur", "charme" nous introduisent dans l'intemporalité, dans une dimension mythique de l'amour.

c - Poème de la mémoire, poème du temps perdu retrouvé, où le futur, le présent et le passé s'entrelacent pour former un motif unique, au-delà du temps anecdotique : "Tu te rappelleras" (v. 3), "Je sais l'art" (v. 21), "Je croyais" (v. 14), "sont beaux" (v. 11). Le souvenir sélectionne et embellit ; les épithètes laudatives "profond", "puissant", "heureuses", expriment une perfection, une intensité et une qualité éminente de la liaison amoureuse. La magie de l'émergence du passé s'effectue de façon à l'épurer des scories contrariantes. La musicalité et l'harmonie des constructions excluent tout élément discordant. Le poète espère faire renaître un passé purifié, aux couleurs ravivées : "les soleils rajeunis" (v. 28), "Après s'être lavés" (v. 29). La mémoire est un défi ("interdit à nos sondes") pour revivifier le passé. Le surgissement du passé, comparé à la verticalité du mouvement ascensionnel qui préside au lever du soleil, est doté d'une puissance de sublimation.

Avec émotion, attendrissement, le poète évoque le bonheur d'autrefois qui hante ses souvenirs ; il éprouve de la dévotion, voire de l'adoration pour cette femme. Revécu par le souvenir, l'amour est ennobli, glorifié.

Dans ce poème, les mots représentent des formules incantatoires ; ils ont le pouvoir de faire jaillir du passé, et de donner leur essor aux seules "minutes" idéales. Le désir d'effacer les échecs réels, de les dépasser en spiritualisant cet amour est mis en évidence par le titre choisi. La particularité de l'espace du balcon est d'être situé en hauteur, ce qui permet de dominer, de prendre ses distances par rapport aux désillusions du vécu. Le recul permet de rendre les choses immatérielles ; désormais, il n'existe plus de malheur tangible. Cette situation spatiale rappelle un autre titre, "Élévation". Cette aspiration à un envol libérateur au-dessus du prosaïsme du quotidien est permanente chez Baudelaire, et traduit sa volonté de se dégager d'une vision rapprochée qui met trop en évidence la médiocrité et les insuffisances, et qui grossit les détails mesquins, alors qu'il est préférable et bienfaisant de "rapetisser" par la distance ces imperfections pour, finalement, les abolir.

XXXVII

LE POSSÉDÉ

Le soleil s'est couvert d'un crêpe. Comme lui,
Ô Lune de ma vie ! emmitoufle-toi d'ombre ;
Dors ou fume à ton gré ; sois muette, sois sombre,
4 Et plonge tout entière au gouffre de l'Ennui ;

Je t'aime ainsi ! Pourtant, si tu veux aujourd'hui,
Comme un astre éclipsé qui sort de la pénombre,
Te pavaner aux lieux que la Folie encombre,
8 C'est bien ! Charmant poignard, jaillis de ton étui !

Allume ta prunelle à la flamme des lustres !
Allume le désir dans les regards des rustres[1] !
11 Tout de toi m'est plaisir, morbide ou pétulant[2] ;

Sois ce que tu voudras, nuit noire, rouge aurore ;
Il n'est pas une fibre en tout mon corps tremblant
14 Qui ne crie : *Ô mon cher Belzébuth[3], je t'adore !*

1. Personnes sans éducation.
2. Fougueux, exubérant.
3. Divinité phénicienne devenue le prince des démons dans la Bible.

XXXVIII

UN FANTÔME

I

LES TÉNÈBRES

Dans les caveaux d'insondable tristesse
Où le Destin m'a déjà relégué ;
Où jamais n'entre un rayon rose et gai ;
4 Où, seul avec la Nuit, maussade hôtesse,

Je suis comme un peintre qu'un Dieu moqueur
Condamne à peindre, hélas ! sur les ténèbres ;
Où, cuisinier aux appétits funèbres,
8 Je fais bouillir et je mange mon cœur,

Par instants brille, et s'allonge, et s'étale
Un spectre fait de grâce et de splendeur.
11 À sa rêveuse allure orientale,

Quand il atteint sa totale grandeur,
Je reconnais ma belle visiteuse :
14 C'est Elle ! noire et pourtant lumineuse.

II

LE PARFUM

Lecteur, as-tu quelquefois respiré
Avec ivresse et lente gourmandise
Ce grain d'encens qui remplit une église,
18 Ou d'un sachet le musc invétéré[1] ?

Charme profond, magique, dont nous grise
Dans le présent le passé restauré [2] !
Ainsi l'amant sur un corps adoré
22 Du souvenir cueille la fleur exquise.

De ses cheveux élastiques et lourds,
Vivant sachet, encensoir[3] de l'alcôve,
25 Une senteur montait, sauvage et fauve,

Et des habits, mousseline ou velours,
Tout imprégnés de sa jeunesse pure,
28 Se dégageait un parfum de fourrure.

1. Dont l'odeur s'est enracinée avec le temps.
2. Retrouvé.
3. Petit récipient suspendu à des chaînes dans lequel on brûle de l'encens.

III

LE CADRE

Comme un beau cadre ajoute à la peinture,
Bien qu'elle soit d'un pinceau très vanté,
Je ne sais quoi d'étrange et d'enchanté
32 En l'isolant de l'immense nature,

Ainsi bijoux, meubles, métaux, dorure,
S'adaptaient juste à sa rare beauté ;
Rien n'offusquait[4] sa parfaite clarté,
36 Et tout semblait lui servir de bordure[5].

Même on eût dit parfois qu'elle croyait
Que tout voulait l'aimer ; elle noyait
39 Sa nudité voluptueusement

Dans les baisers du satin et du linge,
Et, lente ou brusque, à chaque mouvement
42 Montrait la grâce enfantine du singe.

4. Cachait.
5. Cadre.

IV

LE PORTRAIT

La Maladie et la Mort font des cendres
De tout le feu qui pour nous flamboya.
De ces grands yeux si fervents et si tendres,
46 De cette bouche où mon cœur se noya,

De ces baisers puissants comme un dictame[6],
De ces transports plus vifs que des rayons,
Que reste-t-il ? C'est affreux, ô mon âme !
50 Rien qu'un dessin fort pâle, aux trois crayons[7],

Qui, comme moi, meurt dans la solitude,
Et que le Temps, injurieux vieillard,
53 Chaque jour frotte avec son aile rude...

Noir assassin de la Vie et de l'Art,
Tu ne tueras jamais dans ma mémoire
56 Celle qui fut mon plaisir et ma gloire !

XXXIX

Je te donne ces vers afin que si mon nom
Aborde heureusement aux époques lointaines,
Et fait rêver un soir les cervelles humaines,
4 Vaisseau favorisé par un grand aquilon[1],

Ta mémoire, pareille aux fables incertaines,
Fatigue[2] le lecteur ainsi qu'un tympanon[3],
Et par un fraternel et mystique chaînon
8 Reste comme pendue à mes rimes hautaines ;

Être maudit à qui, de l'abîme profond
Jusqu'au plus haut du ciel, rien, hors moi, ne répond !
11 — Ô toi qui, comme une ombre à la trace éphémère,

Foules d'un pied léger et d'un regard serein
Les stupides mortels qui t'ont jugée amère,
14 Statue aux yeux de jais[4], grand ange au front d'airain !

XL

SEMPER EADEM [1]

« D'où vous vient, disiez-vous, cette tristesse étrange,
Montant comme la mer sur le roc noir et nu ? »
— Quand notre cœur a fait une fois sa vendange,
4   Vivre est un mal. C'est un secret de tous connu,

Une douleur très simple et non mystérieuse,
Et, comme votre joie, éclatante pour tous.
Cessez donc de chercher, ô belle curieuse !
8   Et, bien que votre voix soit douce, taisez-vous !

Taisez-vous, ignorante ! âme toujours ravie !
Bouche au rire enfantin ! Plus encor que la Vie,
11   La Mort nous tient souvent par des liens subtils.

Laissez, laissez mon cœur s'enivrer d'un *mensonge*,
Plonger dans vos beaux yeux comme dans un beau
[songe,
14   Et sommeiller longtemps à l'ombre de vos cils !

1. Titre latin qui peut avoir plusieurs sens en fonction du genre et du nombre du mot « eadem ». Au neutre pluriel, cela signifie : toujours les mêmes choses (situations, comportements, paroles). Au féminin singulier, cela signifie : toujours la même femme ou toujours la même vie. Ces interprétations traduisent la lassitude du poète devant la répétition des attitudes, comme s'il existait des réactions féminines archétypales inspirant au poète un continuel désenchantement résigné.

Gravure sur bois d'Émile Bernard pour Les Fleurs du mal.

"Semper eadem"

"Semper eadem" commence le cycle des poèmes inspirés par Mme Sabatier. Publié en 1860, ce sonnet développe le thème de l'amour consolateur mais mensonger. Ce poème est construit sur un dialogue constitué par une question de la femme sur la morosité du poète et la réponse de ce dernier.

▓ La détresse du poète

a - Solitude

La "tristesse" (v. 1) constatée par la femme et la "douleur" (v. 5) évoquée par le poète caractérisent l'état d'âme d'une personne qui se sent abandonnée à la solitude morale, à un malheur lié à la condition humaine, au fait même d'exister : "Vivre est un mal" (v. 4) ; la coupe isole cette formule et en fait une sentence désespérante car ce mal est sans remède en dehors de l'interruption de la vie.

b - Mal de vivre

Cette difficulté d'être provoque une souffrance, bien que la vie soit susceptible d'apporter des expériences enrichissantes. Le caractère constructif, positif, du bilan de certaines séries d'événements est traduit par le mot valorisant de "vendange" (v. 3). La perspective de la mort détruit la qualité de l'existence ; tous les résultats, si favorables soient-ils, sont compromis, minés par le travail de sape de la mort, souterraine et obsédante. Le rapprochement antithétique des allégories de la "Mort" (v. 11) et de la "Vie" (v. 10) symbolise la rivalité entre le bien et le mal. Une disproportion quantitative dans le nombre de mots qualifiant chacune d'elles illustre la défaite de la vie ; la mort, quant à elle, est sujet du verbe et le verbe "tient" (v. 11) associé à "des liens" (v. 11) démontre l'emprise de la mort qui emprisonne le poète — et tous les hommes, d'une manière générale.

▓ La représentation de la femme

a - Incompréhension

La femme s'interroge : "D'où vous vient", "étrange" (v. 1). Cette incompréhension, soulignée par "ignorante" (v. 9), signale une méconnaissance du tragique de l'existence. Ce manque de lucidité traduit la naïveté de la femme qui est la seule à ne pas comprendre : "secret de tous connu" (v. 4), "non mystérieuse" (v. 5), "éclatante pour tous" (v. 6). Le comportement de la femme est présenté en des termes qui traduisent un manque de maturité, une puérilité inconsciente qui s'ajoutent à l'aveugle-ment qui semble être l'apanage de la femme : "joie" (v. 6), "âme toujours ravie" (v. 9), "Bouche au rire enfantin" (v. 10). Les impératifs "Cessez" (v. 7), "Taisez-vous" (v. 9), l'imparfait de répétition "disiez-vous", montrent la lassitude du poète qui ne croit pas que la "belle curieuse" (v. 7) soit per-fectible, éducable : ses recherches sont inutiles car elle est définitivement incapable de comprendre ; frivole, elle est hermétique à l'essentiel. L'aide attendue par le poète est d'une autre nature.

b - Consolation

Le poète manifeste une attention affectueuse pour la femme ("belle", "douce", "beaux yeux"). Il adresse à la femme une demande, la répétition de l'impératif "Laissez" donne une tonalité implorante au mes-sage. Le poète espère trouver dans la femme un réconfort affectif, un déri-vatif, un oubli provisoire de ses angoisses, même si tout cela est illusoire : "s'enivrer d'un *mensonge*" (v. 12), "beau songe" (v. 13). "Sommeiller long-temps" (v. 14) et "s'enivrer" (v. 12) impliquent une perte momentanée de toute notion claire de la réalité. Le poète se résigne à ne trouver dans la femme qu'un apaisement, qu'un soulagement trompeur à des chagrins existentiels, totalement inintelligibles pour la femme aimée.

Malgré sa bonne volonté, la femme ne procure au poète que le plai-sir du rêve ; elle lui permet d'échapper provisoirement à une réalité pénible. La femme fournit à Baudelaire un divertissement, au sens pascalien du terme, en le détournant de ce qui le préoccupe, mais elle n'apporte ni réponse ni remède aux inquiétudes philosophiques du poète, lui-même conscient des limites de ses capacités. Par ailleurs, le titre du poème ren-force le caractère répétitif de l'attente déçue de Baudelaire, sans cesse confronté à l'uniformité des situations et des réactions déconcertantes et inopérantes de la femme. Le poète fait part de considérations générales concernant une psychologie commune à toutes les femmes et répondant à un modèle invariant. Il existe donc un décalage permanent entre les pen-sées du poète et celles de la femme : l'incommunicabilité est une constante des relations entre le poète et la femme.

XLI

TOUT ENTIÈRE

1. Le « Détesté » (le Démon).

2. Baume, d'où : adoucissement, apaisement.

Le Démon, dans ma chambre haute,
Ce matin est venu me voir,
Et, tâchant à me prendre en faute,
4 Me dit : « Je voudrais bien savoir,

Parmi toutes les belles choses
Dont est fait son enchantement,
Parmi les objets noirs ou roses
8 Qui composent son corps charmant,

Quel est le plus doux. » — Ô mon âme !
Tu répondis à l'Abhorré[1] :
« Puisqu'en Elle tout est dictame[2],
12 Rien ne peut être préféré.

Lorsque tout me ravit, j'ignore
Si quelque chose me séduit.
Elle éblouit comme l'Aurore
16 Et console comme la Nuit ;

Et l'harmonie est trop exquise,
Qui gouverne tout son beau corps,
Pour que l'impuissante analyse
20 En note les nombreux accords.

Ô métamorphose mystique
De tous mes sens fondus en un !
Son haleine fait la musique,
24 Comme sa voix fait le parfum ! »

XLII

Que diras-tu ce soir, pauvre âme solitaire,
Que diras-tu, mon cœur, cœur autrefois flétri,
À la très belle, à la très bonne, à la très chère,
4 Dont le regard divin t'a soudain refleuri ?

— Nous mettrons notre orgueil à chanter ses louanges :
Rien ne vaut la douceur de son autorité ;
Sa chair spirituelle a le parfum des Anges,
8 Et son œil nous revêt d'un habit de clarté.

Que ce soit dans la nuit et dans la solitude,
Que ce soit dans la rue et dans la multitude,
11 Son fantôme dans l'air danse comme un flambeau.

Parfois il parle et dit : « Je suis belle, et j'ordonne
Que pour l'amour de moi vous n'aimiez que le Beau ;
14 Je suis l'Ange gardien, la Muse et la Madone. »

XLIII

LE FLAMBEAU VIVANT

Ils marchent devant moi, ces Yeux pleins de lumières,
Qu'un Ange très savant a sans doute aimantés[1] ;
Ils marchent, ces divins frères qui sont mes frères,
4 Secouant dans mes yeux leurs feux diamantés.

Me sauvant de tout piège et de tout péché grave,
Ils conduisent mes pas dans la route du Beau ;
Ils sont mes serviteurs et je suis leur esclave ;
8 Tout mon être obéit à ce vivant flambeau.

Charmants Yeux, vous brillez de la clarté mystique
Qu'ont les cierges brûlant en plein jour ; le soleil
11 Rougit, mais n'éteint pas leur flamme fantastique ;

Ils célèbrent la Mort, vous chantez le Réveil ;
Vous marchez en chantant le réveil de mon âme,
14 Astres dont nul soleil ne peut flétrir la flamme !

1. Pourvus d'une force
d'attraction irrésistible.

XLIV

RÉVERSIBILITÉ[1]

Ange plein de gaieté, connaissez-vous l'angoisse,
La honte, les remords, les sanglots, les ennuis,
Et les vagues terreurs de ces affreuses nuits
Qui compriment le cœur comme un papier qu'on
[froisse ?
5 Ange plein de gaieté, connaissez-vous l'angoisse ?

Ange plein de bonté, connaissez-vous la haine,
Les poings crispés dans l'ombre et les larmes de fiel[2],
Quand la Vengeance bat son infernal rappel[3],
Et de nos facultés se fait le capitaine ?
10 Ange plein de bonté, connaissez-vous la haine ?

Ange plein de santé, connaissez-vous les Fièvres,
Qui, le long des grands murs de l'hospice blafard,
Comme des exilés, s'en vont d'un pied traînard,
Cherchant le soleil rare et remuant les lèvres ?
15 Ange plein de santé, connaissez-vous les Fièvres ?

1. Emploi théologique : les mérites des saints constituent un réservoir de grâces qui peuvent bénéficier aux pécheurs, si Dieu y consent (cela rejoint la théorie des correspondances).

2. La bile ; par extension, désigne une amertume haineuse.

3. À l'origine, terme militaire : batterie de tambour ou sonnerie de clairon destinée à rappeler et à rassembler les soldats ; il s'agit de réunir tout ce dont on peut disposer en vue d'une action. La « Vengeance » mobilise.

4. Fait référence à la Bible, livre des Rois. Pour réchauffer David, devenu vieux, ses serviteurs conduisent auprès de lui une jeune fille très belle, Abisag la Sulamite.

5. Odeurs.

Ange plein de beauté, connaissez-vous les rides,
Et la peur de vieillir, et ce hideux tourment
De lire la secrète horreur du dévouement
Dans des yeux où longtemps burent nos yeux avides ?
20 Ange plein de beauté, connaissez-vous les rides ?

Ange plein de bonheur, de joie et de lumières,
David[4] mourant aurait demandé la santé
Aux émanations[5] de ton corps enchanté ;
Mais de toi je n'implore, ange, que tes prières,
25 Ange plein de bonheur, de joie et de lumières !

XLV

CONFESSION

1. Morceau de musique d'un mouvement vif et rythmé, exécuté par des cuivres.

2. Son aigu, désagréable.

3. Quelle que soit l'apparence sous laquelle il se dissimule (métaphore du maquillage).

Une fois, une seule, aimable et douce femme,
    À mon bras votre bras poli
S'appuya (sur le fond ténébreux de mon âme
4   Ce souvenir n'est point pâli) ;

Il était tard ; ainsi qu'une médaille neuve
    La pleine lune s'étalait,
Et la solennité de la nuit, comme un fleuve,
8   Sur Paris dormant ruisselait.

Et le long des maisons, sous les portes cochères,
    Des chats passaient furtivement,
L'oreille au guet, ou bien, comme des ombres chères,
12   Nous accompagnaient lentement.

Tout à coup, au milieu de l'intimité libre
    Éclose à la pâle clarté,
De vous, riche et sonore instrument où ne vibre
16   Que la radieuse gaieté,

De vous, claire et joyeuse ainsi qu'une fanfare[1]
    Dans le matin étincelant,
Une note plaintive, une note bizarre
20   S'échappa, tout en chancelant

Comme une enfant chétive, horrible, sombre, immonde,
    Dont sa famille rougirait,
Et qu'elle aurait longtemps, pour la cacher au monde,
24   Dans un caveau mise au secret.

Pauvre ange, elle chantait, votre note criarde[2] :
    « Que rien ici-bas n'est certain,
Et que toujours, avec quelque soin qu'il se farde[3],
28   Se trahit l'égoïsme humain ;

63

Que c'est un dur métier que d'être belle femme,
Et que c'est le travail banal
De la danseuse folle et froide qui se pâme
32   Dans un sourire machinal ;

Que bâtir sur les cœurs est une chose sotte ;
Que tout craque, amour et beauté,
Jusqu'à ce que l'Oubli les jette dans sa hotte[4]
36   Pour les rendre à l'Éternité ! »

J'ai souvent évoqué cette lune enchantée,
Ce silence et cette langueur,
Et cette confidence horrible chuchotée
40   Au confessionnal du cœur.

4. Grand panier d'osier fixé sur le dos par des bretelles, utilisé par les chiffonniers pour mettre les objets de rebut qu'ils ramassent pour les revendre.

XLVI
L'AUBE SPIRITUELLE

Quand chez les débauchés l'aube blanche et vermeille
Entre en société[1] de l'Idéal rongeur,
Par l'opération d'un mystère vengeur
4 Dans la brute assoupie un ange se réveille.

Des Cieux Spirituels l'inaccessible azur,
Pour l'homme terrassé qui rêve encore et souffre,
S'ouvre et s'enfonce avec l'attirance du gouffre.
8 Ainsi, chère Déesse, Être lucide et pur,

Sur les débris fumeux[2] des stupides orgies
Ton souvenir plus clair, plus rose, plus charmant,
11 À mes yeux agrandis voltige incessamment[3].

Le soleil a noirci la flamme des bougies ;
Ainsi, toujours vainqueur, ton fantôme est pareil,
14 Âme resplendissante, à l'immortel soleil !

1. Se joint à.
2. Confus.
3. Sans cesse.

XLVII
HARMONIE DU SOIR

Voici venir les temps où vibrant sur sa tige
Chaque fleur s'évapore ainsi qu'un encensoir ;
Les sons et les parfums tournent dans l'air du soir ;
4 Valse mélancolique et langoureux vertige !

Chaque fleur s'évapore ainsi qu'un encensoir ;
Le violon frémit comme un cœur qu'on afflige ;
Valse mélancolique et langoureux vertige !
8 Le ciel est triste et beau comme un grand reposoir.

1. Meuble en forme d'autel sur lequel on dépose le saint sacrement lors d'une procession.

2. Restes d'une chose disparue, souvenir.

3. Pièce d'orfèvrerie dans laquelle on expose à l'autel l'hostie consacrée.

Le violon frémit comme un cœur qu'on afflige, —
Un cœur tendre, qui hait le néant vaste et noir ! —
Le ciel est triste et beau comme un grand reposoir[1] ; —
12 Le soleil s'est noyé dans son sang qui se fige. —

Un cœur tendre, qui hait le néant vaste et noir,
Du passé lumineux recueille tout vestige[2] !
Le soleil s'est noyé dans son sang qui se fige...
16 Ton souvenir en moi luit comme un ostensoir[3] !

Illustration de « Harmonie du soir » (Matisse ?).

"Harmonie du soir"

Ce poème, inspiré par Mme Sabatier, vraisemblablement composé en 1856, est construit sur deux rimes et exploite les ressources musicales du pantoum. Le poète évoque le passé et les synesthésies lui permettent d'instaurer une sérénité, une unité mystique. La mélancolie du présent et la luminosité d'un passé magnifié qui transcende cette mélancolie, constituent les axes de lecture choisis pour ce poème.

■ Le présent mélancolique

a - Sensations

Les perceptions sensorielles sont langoureuses et vont cesser d'exister, le parfum "s'évapore". Les allitérations en [v], les assonances en [a], la présence des nasales, le rythme ondulatoire créent un balancement harmonieux ; le mouvement tournant de la "valse" accompagne le retour troublant vers le passé et le vague à l'âme du poète. Le son du "violon" n'apporte aucune note de gaieté ; associé à "frémit" et à "afflige", il renforce la tonalité douloureuse de la perception : le son exprime la blessure de la sensibilité du poète.

b - Mélancolies`

Le décor est désespérant : le "soir" évolue vers le "néant... noir" (v. 10), la vibration du début a fait place à l'immobilité ("se fige") ; le coucher de soleil est envisagé comme un meurtre : "s'est noyé dans son sang" (v. 12). Tout est horrible et marqué par la souffrance. Le poète connaît un cheminement similaire à celui qui conduit du jour à la nuit : l'amour s'est éteint et la vie s'est assombrie ; le "cœur" vulnérable est agressé par l'obscurité et un environnement rendu hostile par un défaut d'existence des éléments sensoriels et affectifs qui le rendaient vivant.

■ Le passé salvateur

a - Rôle du souvenir`

Le poète trouve dans le passé un remède à son désarroi. Le "passé lumineux" (v. 14) se substitue au "ciel triste" (v. 8), le "noir" est aboli, la mort du soleil est contredite par le "souvenir" qui "luit". Le souvenir interrompt l'évolution macabre ; ressurgi et fixé, le passé met un terme à la démoralisation envahissante qui contaminait la représentation visuelle, olfactive et sonore du monde extérieur.

b - Élévation mystique

L'émotion et le chagrin se changent en extase et sont donc exorcisés. Le prestige, la valeur du souvenir sont renforcés par la présence du verbe "recueille" : le passé est considéré avec respect, gravité, voire vénération, puisqu'il est assimilé à une réalité sacrée offerte à l'adoration ("ostensoir", v. 16). Cette célébration mystique du passé se situe dans le prolongement d'un champ lexical religieux qui alterne depuis le début du poème avec la thématique affective. Les comparaisons avec l'"encensoir" (v. 5) et avec le "grand reposoir" (v. 8) impliquent une somptuosité dans un cérémonial sacré qui imprègne d'une tonalité sublime et exaltante les constats nostalgiques : une noblesse est incluse au cœur même de la détresse et prépare la spiritualisation finale, à l'image du ciel à la fois "triste et beau" (v. 8).

L'amour est donc sanctifié, mais la qualification du ciel, associant le chagrin et l'émerveillement, est l'exacte correspondance de cet amour dont la glorification n'exclut pas la tonalité crépusculaire. Le titre "Harmonie du soir" implique une qualité d'union, d'équilibre ; cependant, cette unité, cette paix sont mises en connexion avec le déclin du jour, l'approche des ténèbres, autant de symboles illustrant l'idée de la fin.

➤➤➤ Pour approfondir la réflexion

Quelle que soit la femme, l'amour est souvent malheureux. Le poète a recours au souvenir pour se placer au-delà des déceptions et des blessures. La fonction du souvenir dans la conservation d'un amour sublimé est explicitée dans "Un Fantôme", II "Le Parfum" (p. 56), IV "Le Portrait" (p. 57) et dans "Le Flacon" (p. 68). Par quel choix d'images le poète nous fait-il comprendre les effets et le pouvoir du souvenir ? Précisez le lien entre le travail de l'écrivain, le souvenir et l'amour ainsi réhabilité.

XLVIII

LE FLACON

Il est de forts parfums pour qui toute matière
Est poreuse[1]. On dirait qu'ils pénètrent le verre.
En ouvrant un coffret venu de l'Orient
4 Dont la serrure grince et rechigne[2] en criant,

Ou dans une maison déserte quelque armoire
Pleine de l'âcre odeur des temps, poudreuse[3] et noire,
Parfois on trouve un vieux flacon qui se souvient,
8 D'où jaillit toute vive une âme qui revient.

Mille pensers dormaient, chrysalides[4] funèbres,
Frémissant doucement dans les lourdes ténèbres,
Qui dégagent leur aile et prennent leur essor,
12 Teintés d'azur, glacés de rose, lamés[5] d'or.

Voilà le souvenir enivrant qui voltige
Dans l'air troublé ; les yeux se ferment ; le Vertige
Saisit l'âme vaincue et la pousse à deux mains
16 Vers un gouffre obscurci de miasmes humains ;

Il la terrasse au bord d'un gouffre séculaire,
Où, Lazare[6] odorant[7] déchirant son suaire[8],
Se meut dans son réveil le cadavre spectral[9]
20 D'un vieil amour ranci[10], charmant et sépulcral.

Ainsi, quand je serai perdu dans la mémoire
Des hommes, dans le coin d'une sinistre armoire
Quand on m'aura jeté, vieux flacon désolé,
24 Décrépit, poudreux, sale, abject, visqueux, fêlé,

Je serai ton cercueil, aimable pestilence [11] !
Le témoin de ta force et de ta virulence,
Cher poison préparé par les anges ! liqueur
28 Qui me ronge, ô la vie et la mort de mon cœur !

XLIX

LE POISON

Le vin sait revêtir le plus sordide bouge[1]
    D'un luxe miraculeux,
Et fait surgir plus d'un portique fabuleux
    Dans l'or de sa vapeur rouge,
5 Comme un soleil couchant dans un ciel nébuleux[2].

L'opium agrandit ce qui n'a pas de bornes,
    Allonge l'illimité,

1. Perméable.
2. Fait preuve de mauvaise volonté pour se laisser ouvrir.
3. Poussiéreuse.
4. Nymphes des papillons.
5. Évoque un tissu orné d'un fil de métal précieux laminé.
6. Personnage de l'Évangile, ressuscité par le Christ.
7. Puanteur dégagée par un cadavre de quatre jours.
8. Linceul.
9. Fantomatique.
10. Altéré avec le temps.
11. Odeur nauséabonde. L'oxymore rappelle que, d'une manière générale, l'amour est un poison, même s'il procure des bienfaits apparents. L'œuvre du poète est le réceptacle qui va perpétuer le souvenir de l'amour, comme le flacon pour le parfum.

1. Local malpropre, mal fréquenté.
2. Obscurci par les nuages.

3. Emmener de force avec soi.

Approfondit le temps, creuse la volupté,
Et de plaisirs noirs et mornes
10 Remplit l'âme au-delà de sa capacité.

Tout cela ne vaut pas le poison qui découle
De tes yeux, de tes yeux verts,
Lacs où mon âme tremble et se voit à l'envers...
Mes songes viennent en foule
15 Pour se désaltérer à ces gouffres amers.

Tout cela ne vaut pas le terrible prodige
De ta salive qui mord,
Qui plonge dans l'oubli mon âme sans remord,
Et, charriant[3] le vertige,
20 La roule défaillante aux rives de la mort !

*Frontispice
gravé par L. Riche
pour* Les Fleurs du mal.

"Le Poison"

"Le Poison" ouvre le cycle des poèmes inspirés par Marie Daubrun. Dans ces quintils, Baudelaire associe d'une manière originale l'alexandrin et l'heptasyllabe. Comparé aux drogues, l'amour produit des effets plus puissants, et plus néfastes. L'étude du pouvoir respectif du vin, de l'opium et de la femme orientera cette lecture.

■ Le vin et l'opium

Ils sont l'un et l'autre efficaces ; leur efficience est exprimée par des verbes d'action, de production : "sait" (v. 1), "fait surgir" (v. 3).

a - Le vin

Il est créateur, architecte de mondes imaginaires ; c'est un magicien ("miraculeux", "fabuleux"), il fabrique des illusions, des mirages : "luxe", "portique". Il est capable de métamorphoser la vision du réel : "revêtir le plus sordide bouge" et son pouvoir n'est jamais défaillant ("plus d'un"). Le vin est également un alchimiste : sa "vapeur rouge" est précieuse comme l'"or", elle apporte de la couleur, elle éclaire ce qui est obscurci à l'instar du soleil qui perce "un ciel nébuleux" ; toutefois, le poète a choisi "un soleil couchant" ce qui rend éphémère la présence de la lumière, comme se révèle fugitif le bienfait ressenti grâce au vin.

b - L'opium

Il a des mérites différents : il change les choses en intensifiant les sensations : "creuse", "approfondit". Il donne accès à l'infini de l'espace et du temps : "agrandit", allonge" ; les composantes habituelles de l'univers connaissent une expansion surprenante : "qui n'a pas de bornes", "l'illimité". Cette drogue provoque une sensation de plénitude, elle comble jusqu'à saturation, elle "Remplit l'âme au-delà de sa capacité". Le poète demeure cependant lucide sur le fait que ces satisfactions portent en elles un germe de mort : "plaisirs noirs et mornes" ; il est conscient qu'il s'agit de contentements provisoires et maudits.

■ Le pouvoir de la femme

a - L'image de la femme

La femme surpasse en puissance et en nocivité les drogues précédentes : "Tout cela ne vaut pas". Elle a des yeux de sorcière qui fascinent le poète et l'entraînent vers sa perdition. La métaphore liquide se poursuit, le poète cherche encore à se "désaltérer", mais la femme ne lui offre ni eau vive ni rafraîchissement grisant, comme le vin, mais une boisson mortelle, un "poison". Les yeux ne constituent ni une source pure ni un bain de jouvence. Leur dimension s'amplifie, passant des "lacs" aux "gouffres amers", mais leur dangerosité s'accroît, puisque le poète risque de sombrer, comme le navire qui s'abîme dans la mer. La "salive" prolonge l'image : "plonge dans l'oubli" et "rives de la mort" font songer aux fleuves des Enfers, à l'eau du Léthé.

b - La destinée du poète

La femme a autant de pouvoir que le vin : "prodige" peut être rapproché de "miraculeux". Mais sa nature est différente : elle est redoutable et agressive : "terrible", "mord". Le poète espère bâtir des fantasmagories ("songes"), satisfaire des fantasmes, or il va perdre son identité. Par un jeu de miroir, il voit son reflet dans les yeux de Marie, mais "à l'envers", par conséquent dans un sens opposé au sens normal. "Vertige", "défaillante" confirment que le poète ne sait plus exactement ce qu'il fait, que le désordre s'est installé dans son âme ; "sans remords" prouve qu'il a désormais le jugement faussé. Le poète se refuse à la conscience du péché, bien qu'il sache que l'issue est fatale. Envoûté par le plaisir, le poète consent à sa propre corruption et à son naufrage moral.

➤➤➤ Pour approfondir la réflexion

Pour évoquer la femme, Baudelaire fait référence aux yeux, qui introduisent le thème du miroir : le poète se voit et observe le monde dans les yeux de la femme aimée ; toutefois, le regard de la femme est un miroir déformant, trompeur et funeste. C'est un instrument de séduction grâce auquel elle exerce son ascendant pernicieux et ensorceleur.

Montrez que le poète utilise le regard pour construire une image à la fois trouble et troublante de la femme.

Vous vous référerez aux poèmes "Ciel brouillé" (p. 72), "L'Invitation au voyage" (p. 74) et "Chant d'automne", ıı (p. 79).

L
CIEL BROUILLÉ

On dirait ton regard d'une vapeur couvert ;
Ton œil mystérieux (est-il bleu, gris ou vert ?)
Alternativement tendre, rêveur, cruel,
4 Réfléchit l'indolence et la pâleur du ciel.

Tu rappelles ces jours blancs, tièdes et voilés,
Qui font se fondre en pleurs les cœurs ensorcelés,
Quand, agités d'un mal inconnu qui les tord,
8 Les nerfs trop éveillés raillent l'esprit qui dort.

Tu ressembles parfois à ces beaux horizons
Qu'allument les soleils des brumeuses saisons...
Comme tu resplendis, paysage mouillé
12 Qu'enflamment les rayons tombant d'un ciel brouillé !

Ô femme dangereuse, ô séduisants[1] climats !
Adorerai-je aussi ta neige et vos frimas[2],
Et saurai-je tirer de l'implacable hiver
16 Des plaisirs plus aigus que la glace et le fer ?

1. Trompeurs autant que charmeurs.
2. Brouillard épais et froid.

LI
LE CHAT

I

Dans ma cervelle se promène,
Ainsi qu'en son appartement,
Un beau chat, fort, doux et charmant.
4 Quand il miaule, on l'entend à peine,

Tant son timbre est tendre et discret ;
Mais que sa voix s'apaise ou gronde,
Elle est toujours riche et profonde.
8 C'est là son charme et son secret.

Cette voix, qui perle[1] et qui filtre[2]
Dans mon fonds le plus ténébreux,
Me remplit comme un vers nombreux
12 Et me réjouit comme un philtre.

Elle endort les plus cruels maux
Et contient toutes les extases ;
Pour dire les plus longues phrases,
16 Elle n'a pas besoin de mots.

1. Se former peu à peu, poindre.
2. Parvenir doucement.

3. Angélique.

Non, il n'est pas d'archet qui morde
Sur mon cœur, parfait instrument,
Et fasse plus royalement
20 Chanter sa plus vibrante corde,

Que ta voix, chat mystérieux,
Chat séraphique[3], chat étrange,
En qui tout est, comme en un ange,
24 Aussi subtil qu'harmonieux !

II

4. Lanternes.
5. Pierre semi-précieuse aux reflets irisés.

De sa fourrure blonde et brune
Sort un parfum si doux, qu'un soir
J'en fus embaumé, pour l'avoir
28 Caressée une fois, rien qu'une.

C'est l'esprit familier du lieu ;
Il juge, il préside, il inspire
Toutes choses dans son empire ;
32 Peut-être est-il fée, est-il dieu ?

Quand mes yeux, vers ce chat que j'aime
Tirés comme par un aimant,
Se retournent docilement
36 Et que je regarde en moi-même,

Je vois avec étonnement
Le feu de ses prunelles pâles,
Clairs fanaux[4], vivantes opales[5],
40 Qui me contemplent fixement.

LII

LE BEAU NAVIRE

Je veux te raconter, ô molle enchanteresse !
Les diverses beautés qui parent ta jeunesse ;
Je veux te peindre ta beauté,
4 Où l'enfance s'allie à la maturité.

Quand tu vas balayant l'air de ta jupe large,
Tu fais l'effet d'un beau vaisseau qui prend le large,
Chargé de toile, et va roulant
8 Suivant un rythme doux, et paresseux, et lent.

Sur ton cou large et rond, sur tes épaules grasses,
Ta tête se pavane avec d'étranges grâces ;
D'un air placide et triomphant
12 Tu passes ton chemin, majestueuse enfant.

Je veux te raconter, ô molle enchanteresse !
Les diverses beautés qui parent ta jeunesse ;
Je veux te peindre ta beauté,
16 Où l'enfance s'allie à la maturité.

Ta gorge qui s'avance et qui pousse la moire,
Ta gorge triomphante est une belle armoire
Dont les panneaux bombés et clairs
20 Comme les boucliers accrochent des éclairs ;

Boucliers provocants, armés de pointes roses !
Armoire à doux secrets, pleine de bonnes choses,
De vins, de parfums, de liqueurs
24 Qui feraient délirer les cerveaux et les cœurs !

Quand tu vas balayant l'air de ta jupe large,
Tu fais l'effet d'un beau vaisseau qui prend le large,
Chargé de toile, et va roulant
28 Suivant un rythme doux, et paresseux, et lent.

Tes nobles jambes, sous les volants qu'elles chassent,
Tourmentent les désirs obscurs et les agacent[1],
Comme deux sorcières qui font
32 Tourner un philtre noir dans un vase profond.

Tes bras, qui se joueraient des précoces hercules[2],
Sont des boas luisants les solides émules[3],
Faits pour serrer obstinément,
36 Comme pour l'imprimer dans ton cœur, ton amant.

Sur ton cou large et rond, sur tes épaules grasses,
Ta tête se pavane avec d'étranges grâces ;
D'un air placide et triomphant
40 Tu passes ton chemin, majestueuse enfant.

1. Exacerbent, exaspèrent.

2. Jeunes hommes d'une force physique exceptionnelle, comme le héros légendaire.

3. Capables de concurrencer les boas.

LIII

L'INVITATION AU VOYAGE

Mon enfant, ma sœur,
Songe à la douceur
D'aller là-bas vivre ensemble !

1. Sans être harcelé par
le temps.

2. Pierre fine d'un
jaune rougeâtre,
nuance de couleur
adaptée au soleil cou-
chant.

Aimer à loisir[1],
Aimer et mourir
6 Au pays qui te ressemble !
Les soleils mouillés
De ces ciels brouillés
Pour mon esprit ont les charmes
Si mystérieux
De tes traîtres yeux,
12 Brillant à travers leurs larmes.

Là, tout n'est qu'ordre et beauté,
Luxe, calme et volupté.

15 Des meubles luisants,
Polis par les ans,
Décoreraient notre chambre ;
Les plus rares fleurs
Mêlant leurs odeurs
20 Aux vagues senteurs de l'ambre,
Les riches plafonds,
Les miroirs profonds,
La splendeur orientale,
Tout y parlerait
À l'âme en secret
26 Sa douce langue natale.

Là, tout n'est qu'ordre et beauté,
Luxe, calme et volupté.

29 Vois sur ces canaux
Dormir ces vaisseaux
Dont l'humeur est vagabonde ;
C'est pour assouvir
Ton moindre désir
34 Qu'ils viennent du bout du monde.
— Les soleils couchants
Revêtent les champs,
Les canaux, la ville entière,
D'hyacinthe[2] et d'or ;
Le monde s'endort
40 Dans une chaude lumière.

Là, tout n'est qu'ordre et beauté,
Luxe, calme et volupté.

Rythmes et rimes

"De la musique avant toute chose,
Et pour cela préfère l'Impair
Plus vague et plus soluble dans l'air,
Sans rien en lui qui pèse ou qui pose."

(Verlaine, *Jadis et Naguère*, 1884.)

a - Étudiez l'alternance alexandrin/octosyllabe (huit syllabes) dans "Le Beau navire" (p. 73), l'alternance alexandrin/heptasyllabe dans "Le Poison" (p. 68) et l'alternance octosyllabe/pentasyllabe dans "Le Serpent qui danse" (p. 43).

b - Dans "Le Poison", relevez les enjambements ; quelle impression produisent-ils ? Observez, de ce point de vue, le cas du poème "Tout entière" (p. 61).

c - Repérez l'emploi du contre-rejet dans "Le Flambeau vivant" (p. 62) et "Le Flacon" (p. 68). Quel sentiment cette dislocation du vers est-elle destinée à exprimer ?

Dans "Le Flacon", quelle est la fonction du rejet du vers 2 ?

d - À propos du poème "Le Vampire" (p. 46), montrez l'art du poète dans l'utilisation de l'octosyllabe ; en particulier, en ce qui concerne les vers 8, 9, 10 et 11, mettez en évidence la variété du rythme de chaque vers, dont le contenu comparatif forme une gradation dans l'asservissement, grâce aux variations dans les coupes.

e - Analysez le rythme des vers suivants :

– "La douceur du foyer et le charme des soirs" ("Le Balcon", v. 4, p. 51) ;

– "Tu fais l'effet d'un beau vaisseau qui prend le large,/Chargé de toile, et va roulant" ("Le Beau navire", v. 6, 7) ;

En quoi la structure de ces vers reproduit-elle la sérénité ou l'ampleur de la démarche ?

f - Dans "Le Serpent qui danse", faites un inventaire des rimes pauvres (un seul phonème commun), suffisantes (deux phonèmes communs), riches (trois phonèmes communs).

g - Comment peut-on qualifier la rime de "Parfum exotique" (p. 37) aux vers 12 et 14 : "tamariniers", "mariniers" ?

h - Quelles sont les particularités des rimes dans "Le Poison" et "Le Goût du néant" (p. 100) ?

LIV
L'IRRÉPARABLE

1. Meurtrit par un coup.
2. Matière visqueuse à base de résine.
3. Impardonnable.

Pouvons-nous étouffer le vieux, le long Remords,
    Qui vit, s'agite et se tortille,
Et se nourrit de nous comme le ver des morts,
    Comme du chêne la chenille ?
5 Pouvons-nous étouffer l'implacable Remords ?

Dans quel philtre, dans quel vin, dans quelle tisane,
    Noierons-nous ce vieil ennemi,
Destructeur et gourmand comme la courtisane,
    Patient comme la fourmi ?
10 Dans quel philtre ? — dans quel vin ? — dans quelle tisane ?

Dis-le, belle sorcière, oh ! dis, si tu le sais,
    À cet esprit comblé d'angoisse
Et pareil au mourant qu'écrasent les blessés,
    Que le sabot du cheval froisse[1],
15 Dis-le, belle sorcière, oh ! dis, si tu le sais,

À cet agonisant que le loup déjà flaire
    Et que surveille le corbeau,
À ce soldat brisé ! s'il faut qu'il désespère
    D'avoir sa croix et son tombeau ;
20 Ce pauvre agonisant que déjà le loup flaire !

Peut-on illuminer un ciel bourbeux et noir ?
    Peut-on déchirer des ténèbres
Plus denses que la poix[2], sans matin et sans soir,
    Sans astres, sans éclairs funèbres ?
25 Peut-on illuminer un ciel bourbeux et noir ?

L'Espérance qui brille aux carreaux de l'Auberge
    Est soufflée, est morte à jamais !
Sans lune et sans rayons, trouver où l'on héberge
    Les martyrs d'un chemin mauvais !
30 Le Diable a tout éteint aux carreaux de l'Auberge !

Adorable sorcière, aimes-tu les damnés ?
    Dis, connais-tu l'irrémissible[3] ?
Connais-tu le Remords, aux traits empoisonnés,
    À qui notre cœur sert de cible ?
35 Adorable sorcière, aimes-tu les damnés ?

L'Irréparable ronge avec sa dent maudite
    Notre âme, piteux monument,

Et souvent il attaque, ainsi que le termite[4],
Par la base le bâtiment.
40 L'Irréparable ronge avec sa dent maudite !

— J'ai vu parfois, au fond d'un théâtre banal
Qu'enflammait l'orchestre sonore,
Une fée allumer dans un ciel infernal
Une miraculeuse aurore ;
45 J'ai vu parfois au fond d'un théâtre banal

Un être, qui n'était que lumière, or et gaze[5],
Terrasser l'énorme Satan ;
Mais mon cœur, que jamais ne visite l'extase,
Est un théâtre où l'on attend
50 Toujours, toujours en vain, l'Être aux ailes de gaze !

4. Insecte qui fait un travail de sape.

5. Étoffe légère et transparente de coton ou de soie.

LV

CAUSERIE

Vous êtes un beau ciel d'automne, clair et rose !
Mais la tristesse en moi monte comme la mer,
Et laisse, en refluant, sur ma lèvre morose
4 Le souvenir cuisant[1] de son limon[2] amer.

—Ta main se glisse en vain sur mon sein qui se pâme ;
Ce qu'elle cherche, amie, est un lieu saccagé
Par la griffe et la dent féroce de la femme.
8 Ne cherchez plus mon cœur ; les bêtes l'ont mangé.

Mon cœur est un palais flétri par la cohue ;
On s'y soûle, on s'y tue, on s'y prend aux cheveux !
11 — Un parfum nage autour de votre gorge nue !...

Ô Beauté, dur fléau des âmes, tu le veux !
Avec tes yeux de feu, brillants comme des fêtes,
14 Calcine[3] ces lambeaux qu'ont épargnés les bêtes !

1. Qui provoque une douleur semblable à une brûlure.

2. Dépôt de sédiments.

3. Brûle.

LVI
CHANT D'AUTOMNE

I

1. Au mois d'octobre, à Paris, on faisait la provision de bois pour l'hiver.

2. Machine de guerre destinée à enfoncer les murailles des villes assiégées.

Bientôt nous plongerons dans les froides ténèbres ;
Adieu, vive clarté de nos étés trop courts !
J'entends déjà tomber avec des chocs funèbres
4 Le bois[1] retentissant sur le pavé des cours.

Tout l'hiver va rentrer dans mon être : colère,
Haine, frissons, horreur, labeur dur et forcé,
Et, comme le soleil dans son enfer polaire,
8 Mon cœur ne sera plus qu'un bloc rouge et glacé.

J'écoute en frémissant chaque bûche qui tombe ;
L'échafaud qu'on bâtit n'a pas d'écho plus sourd.
Mon esprit est pareil à la tour qui succombe
12 Sous les coups du bélier[2] infatigable et lourd.

Il me semble, bercé par ce choc monotone,
Qu'on cloue en grande hâte un cercueil quelque part.
Pour qui ? — C'était hier l'été ; voici l'automne !
16 Ce bruit mystérieux sonne comme un départ.

II

3. Partie de la cheminée où l'on fait du feu.

J'aime de vos longs yeux la lumière verdâtre,
Douce beauté, mais tout aujourd'hui m'est amer,
Et rien, ni votre amour, ni le boudoir, ni l'âtre[3],
20 Ne me vaut le soleil rayonnant sur la mer.

Et pourtant aimez-moi, tendre cœur ! soyez mère
Même pour un ingrat, même pour un méchant ;
Amante ou sœur, soyez la douceur éphémère
24 D'un glorieux automne ou d'un soleil couchant.

Courte tâche ! La tombe attend ; elle est avide !
Ah ! laissez-moi, mon front posé sur vos genoux,
Goûter, en regrettant l'été blanc et torride,
28 De l'arrière-saison le rayon jaune et doux !

79

"Chant d'automne", I

Ce poème, écrit pour Marie Daubrun, fut publié en 1859. En octobre, le poète est à Paris et il assiste aux provisions de bois pour l'hiver. Cet événement de la vie quotidienne va susciter des réflexions morbides nées de l'amplification d'un bruit banal.

■ La fuite du temps

a - Le poète met en évidence l'avancée inexorable du temps. L'emploi du futur au vers 1 rend la menace inévitable et imminente ; les adverbes "bientôt", "déjà", "hier", la formule "en grande hâte" donnent un caractère accéléré au rythme du temps. Le passage d'une saison à l'autre est ressenti comme anormalement précipité.

b - Un regret pathétique accompagne ce constat du temps qui passe : "adieu", "départ", "trop courts". La nostalgie envahit le poète qui se trouve submergé et colonisé par une perception auditive : "j'entends", "chocs", "retentissant", "j'écoute", "écho", "choc", "bruit". Ce champ lexical révèle le trouble du poète qui prête attention à un bruit coupé de ses origines matérielles, et auquel il donne une signification dont ce bruit est dépourvu. Le martèlement de chaque bûche est assimilé à une horloge qui égrène les heures.

c - Les expressions "en frémissant", "il me semble", "mystérieux" démontrent le caractère subjectif de la représentation du changement de saison. Le poète transfère sa peur et ses incertitudes sur le temps qui passe. L'hiver est fondamentalement une saison psychique.

■ Les expressions de l'angoisse du poète

a - Le poète ressent l'arrivée de la mauvaise saison comme une agression intime, il subit une sorte de dépossession de lui-même et de ses capacités. L'intrusion de l'hiver se confond avec la présence d'un état affectif pernicieux qui mine l'être de l'intérieur : "colère", "haine", "horreur". Cette gradation négative dans l'évocation d'un malaise psychique se prolonge dans la crainte d'une déperdition de ses facultés créatrices, entraînant une atrophie de son inspiration et la fin du plaisir d'écrire ("labeur dur et forcé").

b - La déstabilisation morale du poète s'exprime par le thème de la chute, du gouffre. Le verbe "plonger" suggère une immersion fatale, une descente vertigineuse et périlleuse dans l'abîme, l'insondable : le bois qui tombe est l'image du poète qui sombre.

c - La fin de l'été est associée au thème de la mort sous la forme du deuil, de l'obscurcissement et de la glaciation. Les termes "funèbres", "enfer" évoquent le trépas ; les "ténèbres" et le froid complètent la représentation du monde des défunts. Le froid de la mort se manifeste dans la situation du soleil désormais incapable de dispenser chaleur et lumière "dans son enfer polaire". Le soleil semble damné comme le poète, dont le cœur, siège de la vie, n'est plus qu'une masse inerte et glacée. Le parallélisme et l'oxymore renforcent cette mort intérieure. Tout se fige chez un être qui subit, apparemment, une punition.

d - La présence de métaphores et de comparaisons concrétise ces obsessions morbides : "L'échafaud", "bélier infatigable et lourd", "la tour qui succombe", "un cercueil". Cette suite de mots et la pesanteur du rythme et des sonorités aggravent l'angoisse, car tout cela implique un engrenage sinistre. La préparation d'un instrument de mort signale une exécution, donc une condamnation préalable consécutive à une culpabilité prouvée. Le siège de la tour ne laisse présager aucune issue favorable : la défaite de l'esprit du poète est certaine ; enfin, le "cercueil" est la dernière étape après la mise en œuvre de "l'échafaud". Ce cercueil semble logiquement destiné au poète ; en fait, il est réservé à l'été. La tension habilement entretenue retombe.

Baudelaire est profondément perturbé par le départ de la belle saison, synonyme de chaleur, de lumière, de vitalité, de fécondité. Le poète nous communique ses craintes face à un hiver mental. La nature des images, la lourdeur des enjambements, certains rythmes heurtés traduisent la morbidité des hantises et de l'imaginaire baudelairiens.

▶▶▶ Pour approfondir la réflexion

Le poète est souvent assailli par des images macabres, cauchemardesques, qui concrétisent ses tourments spirituels.

Montrez-le en étudiant les champs lexicaux qui traduisent le sentiment de l'horrible (la chute, l'obscurité, le froid…) dans le poème "L'Irrémédiable", p. 102.

LVII

À UNE MADONE

EX-VOTO[1] DANS LE GOÛT ESPAGNOL

Je veux bâtir pour toi, Madone, ma maîtresse,
Un autel souterrain au fond de ma détresse,
Et creuser dans le coin le plus noir de mon cœur,
Loin du désir mondain et du regard moqueur,
5 Une niche[2], d'azur et d'or tout émaillée[3],
Où tu te dresseras, Statue émerveillée.
Avec mes Vers polis, treillis[4] d'un pur métal
Savamment constellé de rimes de cristal,
Je ferai pour ta tête une énorme Couronne ;
10 Et dans ma Jalousie, ô mortelle Madone,
Je saurai te tailler un Manteau[5], de façon
Barbare, roide[6] et lourd, et doublé de soupçon,
Qui, comme une guérite[7], enfermera tes charmes ;
Non de Perles brodé, mais de toutes mes Larmes !
15 Ta Robe, ce sera mon Désir, frémissant,
Onduleux, mon Désir qui monte et qui descend,
Aux pointes se balance, aux vallons se repose,
Et revêt d'un baiser tout ton corps blanc et rose.
Je te ferai de mon Respect de beaux Souliers
20 De satin, par tes pieds divins humiliés,
Qui, les emprisonnant dans une molle étreinte,
Comme un moule fidèle en garderont l'empreinte.
Si je ne puis, malgré tout mon art diligent,
Pour Marchepied tailler une Lune d'argent[8],
25 Je mettrai le Serpent[9] qui me mord les entrailles
Sous tes talons, afin que tu foules et railles,
Reine victorieuse et féconde en rachats,
Ce monstre tout gonflé de haine et de crachats.
Tu verras mes Pensers, rangés comme les Cierges
30 Devant l'autel fleuri de la Reine des Vierges,
Étoilant de reflets le plafond peint en bleu,
Te regarder toujours avec des yeux de feu ;
Et comme tout en moi te chérit et t'admire,
Tout se fera Benjoin, Encens, Oliban[10], Myrrhe[11],
35 Et sans cesse vers toi, sommet blanc et neigeux,
En Vapeurs montera mon Esprit orageux.

Enfin, pour compléter ton rôle de Marie[12],

1. Tableau, plaque, objet placés dans une église pour accomplir un vœu ou remercier d'une grâce obtenue.

2. Enfoncement pratiqué dans l'épaisseur d'un mur pour y installer une statue.

3. L'émail est un vernis dont on recouvre certaines matières pour leur donner de l'éclat.

4. Ouvrage de métal ou de bois qui ressemble aux mailles d'un filet.

5. Allusion à une comparaison biblique concernant Iahvé.

6. Raide.

7. Abri d'une sentinelle.

8. Fait référence à la représentation traditionnelle de la Vierge, l'Immaculée Conception.

9. Dans la Genèse, le Serpent est identifié à Satan ; ici, il s'agit de la jalousie du poète.

10. Encens.

11. Résine odorante fournie par un arbre d'Arabie.

12. Marie Daubrun ; jeu sur les noms.

13. Utilisation détournée de la référence religieuse aux « Sept glaives de la Vierge des Douleurs ».
14. Qui vient d'être tué et palpite encore.

Et pour mêler l'amour avec la barbarie,
Volupté noire ! des sept Péchés capitaux,
40 Bourreau plein de remords, je ferai sept Couteaux[13]
Bien affilés, et, comme un jongleur insensible,
Prenant le plus profond de ton amour pour cible,
Je les planterai tous dans ton Cœur pantelant[14],
Dans ton Cœur sanglotant, dans ton Cœur ruisselant !

LVIII
CHANSON D'APRÈS-MIDI

1. Tentants, qui font espérer quelque plaisir.
2. Divinité, d'un rang inférieur, qui règne sur les fleuves, les fontaines, les bois, les montagnes.

Quoique tes sourcils méchants
Te donnent un air étrange
Qui n'est pas celui d'un ange,
4 Sorcière aux yeux alléchants[1],

Je t'adore, ô ma frivole,
Ma terrible passion !
Avec la dévotion
8 Du prêtre pour son idole.

Le désert et la forêt
Embaument tes tresses rudes,
Ta tête a les attitudes
12 De l'énigme et du secret.

Sur ta chair le parfum rôde
Comme autour d'un encensoir ;
Tu charmes comme le soir,
16 Nymphe[2] ténébreuse et chaude.

Ah ! les philtres les plus forts
Ne valent pas ta paresse,
Et tu connais la caresse
20 Qui fait revivre les morts !

Tes hanches sont amoureuses
De ton dos et de tes seins,
Et tu ravis les coussins
24 Par tes poses langoureuses.

Quelquefois, pour apaiser
Ta rage mystérieuse,
Tu prodigues, sérieuse,
28 La morsure et le baiser ;

Tu me déchires, ma brune,
Avec un rire moqueur,
Et puis tu mets sur mon cœur
32 Ton œil doux comme la lune.

Sous tes souliers de satin,
Sous tes charmants pieds de soie,
Moi, je mets ma grande joie,
36 Mon génie et mon destin,

Mon âme par toi guérie,
Par toi, lumière et couleur !
Explosion de chaleur
40 Dans ma noire Sibérie !

LIX
SISINA

Imaginez Diane[1] en galant équipage,
Parcourant les forêts ou battant les halliers[2],
Cheveux et gorge au vent, s'enivrant de tapage,
4 Superbe et défiant les meilleurs cavaliers !

Avez-vous vu Théroigne[3], amante du carnage,
Excitant à l'assaut un peuple sans souliers,
La joue et l'œil en feu, jouant son personnage,
8 Et montant, sabre au poing, les royaux escaliers ?

Telle la Sisina ! Mais la douce guerrière
A l'âme charitable autant que meurtrière ;
11 Son courage, affolé[4] de poudre et de tambours,

Devant les suppliants sait mettre bas les armes,
Et son cœur, ravagé par la flamme, a toujours,
14 Pour qui s'en montre digne, un réservoir de larmes.

1. Divinité italique de la nature sauvage, identifiée par les Romains à l'Artémis grecque, fille de Jupiter et de Latone, sœur d'Apollon. Déesse de la chasse.

2. Réunion de buissons touffus.

3. Théroigne de Méricourt, héroïne révolutionnaire qui a gravi les escaliers de la Bastille et de Versailles à la tête de l'émeute.

4. Éperdument attiré par.

LX
FRANCISCÆ MEÆ LAUDES

Novis te cantabo chordis,
O novelletum quod ludis
3 In solitudine cordis.

Esto sertis implicata,
O femina delicata
6 Per quam solvuntur peccata !

Sicut beneficum Lethe,
Hauriam oscula de te,
9 Quæ imbuta es magnete.

Quum vitiorum tempestas
Turbabat omnes semitas,
12 Apparuisti, Deitas,

Velut stella salutaris
In naufragiis amaris...
15 Suspendam cor tuis aris !

Piscina plena virtutis,
Fons æternæ juventutis,
18 Labris vocem redde mutis !

Quod erat spurcum, cremasti ;
Quod rudius, exaequasti ;
21 Quod debile, confirmasti.

In fame mea taberna,
In nocte mea lucerna,
24 Recte me semper guberna.

Adde nunc vires viribus,
Dulce balneum suavibus
27 Unguentatum odoribus !

Meos circa lumbos mica,
O castitatis lorica,
30 Aqua tincta seraphica ;

Patera gemmis corusca,
Panis salsus, mollis esca,
33 Divinum vinum, Francisca !

LOUANGES DE MA FRANÇOISE

Traduction de Jules Mouquet dans son édition des *Vers latins* de Baudelaire
(Mercure de France, 1933).

Je te chanterai sur des cordes nouvelles,
Ô ma bichette qui te joues
3 *Dans la solitude de mon cœur.*

Sois parée de guirlandes,
Ô femme délicieuse
6 *Par qui les péchés sont remis !*

85

Comme d'un bienfaisant Léthé,
Je puiserai des baisers de toi
9 Qui es imprégnée d'aimant.

Quand la tempête des vices
Troublait toutes les routes,
12 Tu m'es apparue, Déité,

Comme une étoile salutaire
Dans les naufrages amers...
15 — Je suspendrai mon cœur à tes autels !

Piscine pleine de vertu,
Fontaine d'éternelle jouvence,
18 Rends la voix à mes lèvres muettes !

Ce qui était vil, tu l'as brûlé ;
Rude, tu l'as aplani ;
21 Débile, tu l'as affermi.

Dans la faim mon auberge,
Dans la nuit ma lampe,
24 Guide-moi toujours comme il faut.

Ajoute maintenant des forces à mes forces.
Doux bain parfumé
27 De suaves odeurs !

Brille autour de mes reins,
Ô ceinture de chasteté,
30 Trempée d'eau séraphique ;

Coupe étincelante de pierreries,
Pain relevé de sel, mets délicat,
33 Vin divin, Françoise.

LXI
À UNE DAME CRÉOLE

Au pays parfumé que le soleil caresse,
J'ai connu, sous un dais[1] d'arbres tout empourprés
Et de palmiers d'où pleut sur les yeux la paresse,
4 Une dame créole aux charmes ignorés.

Son teint est pâle et chaud ; la brune enchanteresse
A dans le cou des airs noblement maniérés ;
Grande et svelte en marchant comme une chasseresse,
8 Son sourire est tranquille et ses yeux assurés.

1. Généralement, tenture dressée au-dessus d'un autel, d'un trône ou d'une châsse qu'on porte dans les processions ; ici, berceau de feuillage.

Si vous alliez, Madame, au vrai pays de gloire,
Sur les bords de la Seine ou de la verte Loire,
11 Belle digne d'orner les antiques manoirs,

Vous feriez, à l'abri des ombreuses retraites,
Germer mille sonnets dans le cœur des poètes,
14 Que vos grands yeux rendraient plus soumis que vos noirs.

LXII

1. « Abattue   et
errante ».

2. Bâtiment de guerre
à trois mâts.

3. Récipient   muni
d'une anse et d'un bec
évasé, utilisé pour
transporter l'eau ou un
autre liquide.

4. À la dérobée, de fa-
çon à échapper à l'at-
tention, comme un vo-
leur (du latin *fur*, le
« voleur »).

MŒSTA ET ERRABUNDA[1]

Dis-moi, ton cœur parfois s'envole-t-il, Agathe,
Loin du noir océan de l'immonde cité,
Vers un autre océan où la splendeur éclate,
Bleu, clair, profond, ainsi que la virginité ?
5 Dis-moi, ton cœur parfois s'envole-t-il, Agathe ?

La mer, la vaste mer, console nos labeurs !
Quel démon a doté la mer, rauque chanteuse
Qu'accompagne l'immense orgue des vents grondeurs,
De cette fonction sublime de berceuse ?
10 La mer, la vaste mer, console nos labeurs !

Emporte-moi, wagon ! enlève-moi, frégate [2] !
Loin ! loin ! ici la boue est faite de nos pleurs !
— Est-il vrai que parfois le triste cœur d'Agathe
Dise : Loin des remords, des crimes, des douleurs,
15 Emporte-moi, wagon, enlève-moi, frégate ?

Comme vous êtes loin, paradis parfumé,
Où sous un clair azur tout n'est qu'amour et joie,
Où tout ce que l'on aime est digne d'être aimé,
Où dans la volupté pure le cœur se noie !
20 Comme vous êtes loin, paradis parfumé !

Mais le vert paradis des amours enfantines,
Les courses, les chansons, les baisers, les bouquets,
Les violons vibrant derrière les collines,
Avec les brocs[3] de vin, le soir, dans les bosquets,
25 — Mais le vert paradis des amours enfantines,

L'innocent paradis, plein de plaisirs furtifs[4],
Est-il déjà plus loin que l'Inde et que la Chine ?
Peut-on le rappeler avec des cris plaintifs,
Et l'animer encor d'une voix argentine,
30 L'innocent paradis plein de plaisirs furtifs ?

LXIII

LE REVENANT

Comme les anges à l'œil fauve[1],
Je reviendrai dans ton alcôve
Et vers toi glisserai sans bruit
4 Avec les ombres de la nuit ;

Et je te donnerai, ma brune,
Des baisers froids comme la lune
Et des caresses de serpent
8 Autour d'une fosse rampant.

Quand viendra le matin livide,
Tu trouveras ma place vide,
11 Où jusqu'au soir il fera froid.

Comme d'autres par la tendresse,
Sur ta vie et sur ta jeunesse,
14 Moi, je veux régner par l'effroi.

1. Couleur qui tire sur le roux.

LXIV

SONNET D'AUTOMNE

Ils me disent, tes yeux, clairs comme le cristal :
« Pour toi, bizarre amant, quel est donc mon mérite ? »
— Sois charmante et tais-toi ! Mon cœur, que tout irrite,
4 Excepté la candeur de l'antique animal,

Ne veut pas te montrer son secret infernal,
Berceuse dont la main aux longs sommeils m'invite,
Ni sa noire légende avec la flamme écrite.
8 Je hais la passion et l'esprit me fait mal !

Aimons-nous doucement. L'Amour dans sa guérite,
Ténébreux, embusqué[1], bande son arc fatal[2].
11 Je connais les engins de son vieil arsenal :

Crime, horreur et folie ! — Ô pâle marguerite !
Comme moi n'es-tu pas un soleil automnal,
14 Ô ma si blanche, ô ma si froide Marguerite ?

1. Qui guette le passage de quelqu'un pour l'attaquer par surprise.

2. Représentation traditionnelle de Cupidon.

LXV
TRISTESSES DE LA LUNE

1. Évanouissements.

Ce soir, la lune rêve avec plus de paresse ;
Ainsi qu'une beauté, sur de nombreux coussins,
Qui d'une main distraite et légère caresse
4 Avant de s'endormir le contour de ses seins,

Sur le dos satiné des molles avalanches,
Mourante, elle se livre aux longues pâmoisons[1],
Et promène ses yeux sur les visions blanches
8 Qui montent dans l'azur comme des floraisons.

Quand parfois sur ce globe, en sa langueur oisive,
Elle laisse filer une larme furtive,
11 Un poète pieux, ennemi du sommeil,

Dans le creux de sa main prend cette larme pâle,
Aux reflets irisés comme un fragment d'opale,
14 Et la met dans son cœur loin des yeux du soleil.

LXVI
LES CHATS

1. Dans la mythologie grecque, fils du Chaos, frère et mari de la Nuit, père du Styx, des Parques et du Sommeil.

2. Sens ambigu : si les chats pouvaient supporter un état de dépendance, il les aurait pris à son service et aurait pu les considérer comme ses « coursiers » ; il aurait pu commettre cette erreur, tant les chats semblent faits pour cet emploi ténébreux.

3. Allusion inversée aux chevaux du Soleil.

Les amoureux fervents et les savants austères
Aiment également, dans leur mûre saison,
Les chats puissants et doux, orgueil de la maison,
4 Qui comme eux sont frileux et comme eux sédentaires.

Amis de la science et de la volupté,
Ils cherchent le silence et l'horreur des ténèbres ;
L'Érèbe[1] les eût pris[2] pour ses coursiers[3] funèbres,
8 S'ils pouvaient au servage incliner leur fierté.

Ils prennent en songeant les nobles attitudes
Des grands sphinx allongés au fond des solitudes,
11 Qui semblent s'endormir dans un rêve sans fin ;

Leurs reins féconds sont pleins d'étincelles magiques,
Et des parcelles d'or, ainsi qu'un sable fin,
14 Étoilent vaguement leurs prunelles mystiques.

"Les Chats"

■ La représentation animale

Plusieurs animaux ont inspiré Baudelaire, qu'il s'agisse de l'albatros, du cygne, des hiboux ou des chats, sans oublier les bêtes qui peuplent l'univers du spleen (chauve-souris, araignée). Il faut s'interroger sur la description de cette présence animale et sur sa fonction.

Le poète est fasciné en particulier par les chats, à qui, outre celui-ci, deux autres poèmes intitulés "Le Chat" sont consacrés (LI et XXXIV), (p. 72 et 50).

■ Recherche thématique

Les yeux du chat sont troublants, envoûtants...

a - Relevez les images évoquant le regard de l'animal.

b - Pour caractériser leur magie très particulière, lisez, par comparaison, "Le serpent qui danse" (p. 43) et le sonnet "Avec ses vêtements […]" (p. 43).

c - Dans les deux poèmes intitulés "Le Chat" (LI et XXXIV), relevez les comparaisons et les métaphores destinées à manifester la forme de pouvoir dont le chat est dépositaire, voire investi.

d - Quels champs lexicaux expriment le caractère surnaturel du chat et l'influence qu'il exerce ?

■ Étude méthodique

Recherchez les pistes permettant une lecture méthodique de la deuxième partie du poème "Le Chat", LI, (p. 72).

a - Quels mots appartiennent au vocabulaire de la perception sensorielle ?

b - Étudiez la signification des verbes concernant respectivement le chat et le poète (action, mouvement, affectivité, tournures actives et passives).

c - Relevez les métaphores désignant les yeux de l'animal. Quels effets produisent-elles ?

d - Avec quels mots et quelles expressions le poète renforce-t-il le prestige de l'animal ?

e - De quelle nature est la relation qui s'établit ainsi entre le poète et le chat ?

LXVII

LES HIBOUX

Sous les ifs noirs qui les abritent,
Les hiboux se tiennent rangés,
Ainsi que des dieux étrangers,
4 Dardant leur œil rouge. Ils méditent.

Sans remuer ils se tiendront
Jusqu'à l'heure mélancolique
Où, poussant le soleil oblique,
8 Les ténèbres s'établiront.

Leur attitude au sage enseigne
Qu'il faut en ce monde qu'il craigne
11 Le tumulte et le mouvement ;

L'homme ivre d'une ombre qui passe
Porte toujours le châtiment
14 D'avoir voulu changer de place.

LXVIII
LA PIPE

1. Originaire de la
Cafrerie, une région
d'Afrique du Sud.
2. Petite chaumière.

Je suis la pipe d'un auteur ;
On voit, à contempler ma mine
D'Abyssinienne ou de Cafrine[1],
4 Que mon maître est un grand fumeur.

Quand il est comblé de douleur,
Je fume comme la chaumine[2]
Où se prépare la cuisine
8 Pour le retour du laboureur.

J'enlace et je berce son âme
Dans le réseau mobile et bleu
11 Qui monte de ma bouche en feu,

Et je roule un puissant dictame
Qui charme son cœur et guérit
14 De ses fatigues son esprit.

LXIX

LA MUSIQUE

La musique souvent me prend comme une mer !
      Vers ma pâle étoile,
Sous un plafond de brume ou dans un vaste éther,
4   Je mets à la voile ;

La poitrine en avant et les poumons gonflés
      Comme de la toile,
J'escalade le dos des flots amoncelés
8   Que la nuit me voile ;

Je sens vibrer en moi toutes les passions
      D'un vaisseau qui souffre ;
11 Le bon vent, la tempête et ses convulsions

      Sur l'immense gouffre
Me bercent. D'autres fois, calme plat, grand miroir
14   De mon désespoir !

LXX

SÉPULTURE

Si par une nuit lourde et sombre
Un bon chrétien, par charité,
Derrière quelque vieux décombre
4 Enterre votre corps vanté,

À l'heure où les chastes étoiles
Ferment leurs yeux appesantis,
L'araignée y fera ses toiles,
8 Et la vipère ses petits ;

Vous entendrez toute l'année
Sur votre tête condamnée
11 Les cris lamentables des loups

Et des sorcières faméliques[1],
Les ébats des vieillards lubriques
14 Et les complots des noirs filous[2].

1. Affamées.

2. Voleurs.

1. Gravure de Joseph Haynes d'après un dessin de John Hamilton Mortimer (1740-1779) : *Death on a Pale Horse*. L'Apocalypse, a inspiré cette œuvre publiée en 1784.

2. Posé avec assurance sur.

3. Mauvais cheval.

LXXI

UNE GRAVURE FANTASTIQUE[1]

Ce spectre singulier n'a pour toute toilette,
Grotesquement campé[2] sur son front de squelette,
Qu'un diadème affreux sentant le carnaval.
Sans éperons, sans fouet, il essouffle un cheval,
5 Fantôme comme lui, rosse[3] apocalyptique,
Qui bave des naseaux comme un épileptique.
Au travers de l'espace ils s'enfoncent tous deux,
Et foulent l'infini d'un sabot hasardeux.
Le cavalier promène un sabre qui flamboie
10 Sur les foules sans nom que sa monture broie,
Et parcourt, comme un prince inspectant sa maison,
Le cimetière immense et froid, sans horizon,
Où gisent, aux lueurs d'un soleil blanc et terne,
Les peuples de l'histoire ancienne et moderne.

LXXII

LE MORT JOYEUX

Dans une terre grasse et pleine d'escargots
Je veux creuser moi-même une fosse profonde,
Où je puisse à loisir étaler mes vieux os
4 Et dormir dans l'oubli comme un requin dans l'onde.

Je hais les testaments et je hais les tombeaux ;
Plutôt que d'implorer une larme du monde,
Vivant, j'aimerais mieux inviter les corbeaux
8 À saigner tous les bouts de ma carcasse immonde.

Ô vers ! noirs compagnons sans oreille et sans yeux,
Voyez venir à vous un mort libre et joyeux ;
11 Philosophes viveurs, fils de la pourriture,

À travers ma ruine allez donc sans remords,
Et dites-moi s'il est encor quelque torture
14 Pour ce vieux corps sans âme et mort parmi les morts !

LXXIII

LE TONNEAU DE LA HAINE

La Haine est le tonneau des pâles Danaïdes[1] ;
La Vengeance éperdue aux bras rouges et forts
A beau précipiter dans ses ténèbres vides
4 De grands seaux pleins du sang et des larmes des morts,

Le Démon fait des trous secrets à ces abîmes,
Par où fuiraient mille ans de sueurs et d'efforts,
Quand même elle saurait ranimer ses victimes,
8 Et pour les pressurer ressusciter[2] leurs corps.

La Haine est un ivrogne au fond d'une taverne,
Qui sent toujours la soif naître de la liqueur
11 Et se multiplier comme l'hydre de Lerne[3].

— Mais les buveurs heureux connaissent leur vainqueur,
Et la Haine est vouée à ce sort lamentable
14 De ne pouvoir jamais s'endormir sous la table.

1. Les cinquante filles de Danaos qui, toutes sauf une, tuèrent leurs époux la nuit de leurs noces ; les coupables furent précipitées dans le Tartare et condamnées à remplir d'eau un tonneau sans fond.

2. Peut faire allusion à la magicienne Érichto du poème de Lucain, *La Pharsale* (Ier siècle apr. J.-C.).

3. Serpent mythologique dont les sept têtes repoussaient au fur et à mesure qu'on les coupait.

LXXIV

LA CLOCHE FÊLÉE

Il est amer et doux, pendant les nuits d'hiver,
D'écouter, près du feu qui palpite et qui fume,
Les souvenirs lointains lentement s'élever
4 Au bruit des carillons qui chantent dans la brume.

Bienheureuse la cloche au gosier vigoureux
Qui, malgré sa vieillesse, alerte et bien portante,
Jette fidèlement son cri religieux,
8 Ainsi qu'un vieux soldat qui veille sous la tente !

Moi, mon âme est fêlée, et lorsqu'en ses ennuis
Elle veut de ses chants peupler l'air froid des nuits,
11 Il arrive souvent que sa voix affaiblie

Semble le râle épais d'un blessé qu'on oublie
Au bord d'un lac de sang, sous un grand tas de morts,
14 Et qui meurt, sans bouger, dans d'immenses efforts.

1. L'emploi de ce mot, d'origine anglaise, est ancien ; il évoque la rate en relation avec la mélancolie. Il se réfère à la théorie des humeurs. Au XVIIIe siècle, le spleen désigne un état d'ennui avec une tendance dépressive ; avec le romantisme, le spleen devient un mal de vivre lié à l'univers urbain et à l'état de la société.

2. Janvier-février, cinquième mois du calendrier républicain.

3. Jeu de cartes.

4. Atteinte d'hydropisie, épanchement pathologique d'eau dans certaines parties du corps.

LXXV
SPLEEN [1]

Pluviôse[2], irrité contre la ville entière,
De son urne à grands flots verse un froid ténébreux
Aux pâles habitants du voisin cimetière
4 Et la mortalité sur les faubourgs brumeux.

Mon chat sur le carreau cherchant une litière
Agite sans repos son corps maigre et galeux ;
L'âme d'un vieux poète erre dans la gouttière
8 Avec la triste voix d'un fantôme frileux.

Le bourdon se lamente et la bûche enfumée
Accompagne en fausset la pendule enrhumée,
11 Cependant qu'en un jeu[3] plein de sales parfums,

Héritage fatal d'une vieille hydropique[4],
Le beau valet de cœur et la dame de pique
14 Causent sinistrement de leurs amours défunts.

Lithographie d'E. Goerg pour Les Fleurs du mal *(édition de 1948).*

"Spleen" (LXXV)

Ce quatorzain (quatrains à rimes croisées) rassemble les caractéristiques du spleen : un décor lugubre, la morbidité des êtres et des choses, et la présence de la mort.

■ L'environnement du spleen

a - La référence temporelle a une valeur symbolique : "pluviôse" ne renvoie pas réellement au calendrier révolutionnaire, ce terme a été choisi pour faire entendre le mot "pluie", habituellement associé à l'état psychologique du spleen (cf. "Spleen", LXXVIII et le "pays pluvieux" de "Spleen", LXXVII) ; "à grands flots" et "verse" confirment cette humidité déplaisante et malsaine.

b - Le "froid" et l'épithète "brumeux" complètent ce décor climatique par des intempéries démoralisantes. Ce temps maussade est insalubre et se répercute sur l'état de ceux qui le subissent.

■ La morbidité

a - Les êtres et les choses sont contaminés par l'environnement. La propriétaire du jeu de cartes était "hydropique", et cette présence pathologique de l'eau fait écho à la pluie. La dégradation physique est implicite dans l'allusion à l'âge : "un vieux poète", "une vieille hydropique".

b - Le chat est en mauvaise santé, il est "galeux", "maigre", nerveux, dans un état de déchéance qui fait pitié.

c - Les sons sont malades : "se lamente", "en fausset", "triste voix". Les tonalités aiguës, graves et plaintives se mêlent dans la dissonance.

d - Les choses sont détraquées, la bûche est "enfumée" et la pendule "enrhumée" : le feu ne rayonne plus et l'instrument de mesure ne fonctionne plus. Ce dérèglement a pour conséquence l'emploi réitéré du présent, la précision temporelle est désormais impossible. L'utilisation du terme "pluviôse", qui n'est plus en usage, trouve sa justification dans l'incapacité où se trouve le poète de disposer de repères sûrs. Le jeu de cartes diffuse des parfums "corrompus". Plus rien n'est sain.

■ La mort

a - L'épithète "ténébreux" évoque les ténèbres du royaume des morts. Le cimetière a des occupants livides, les morts, et dans les faubourgs règne la "mortalité". Le poète est mort puisqu'il est question de son "âme" ;

la présence d'un "héritage" implique préalablement la survenue d'un décès et le sujet de conversation concerne des "amours défunts".

b - La mort ne répond pas aux normes habituelles. Le poète n'a pas trouvé le repos, il "erre" à l'état de "fantôme" qualifié de "frileux" : il éprouve donc des sensations, ce qui est une des caractéristiques des vivants. Il est d'ailleurs surprenant qu'appartenant au froid de la mort, il soit sensible au froid de l'univers des vivants. Les morts du cimetière sont présentés comme des vivants avec la désignation "pâles habitants" alors que le chat ressemble à un moribond. Les objets utiles sont morts puisqu'ils sont "hors service" et les objets qui sont dépourvus de caractère utilitaire sont paradoxalement bien vivants, puisque les cartes parlent, créant ainsi un fantastique macabre de caractère hallucinatoire. Chaque réalité et chaque existant sont en quelque sorte hybrides, à la fois morts et vivants. Tout est confondu dans un temps indéterminé.

Le spleen projette sur l'univers une noirceur, une laideur et des attributs funèbres que rien ne peut soulager.

►►► Pour approfondir la réflexion

La pluie est un facteur qui déclenche ou intensifie la morosité du poète. Par ailleurs, l'eau constitue un thème important des *Fleurs du mal*, sous une forme euphorique avec la mer, ou sous des formes négatives et dégradées avec les pleurs, la boue, la fange.

Étudiez dans cette perspective l'opposition entre la verticalité de la pluie du spleen et l'horizontalité infinie de la mer, ainsi que l'opposition entre l'eau désaltérante et l'eau qui souille l'environnement.

→ "L'Homme et la Mer", p. 29 ; "Moesta et errabunda", p. 87 ; "Le Cygne", p. 112 ; "Le Masque", p. 32 ; "Les Petites Vieilles", p. 117 ; "Les Sept Vieillards", p. 116 ; "Le Vin des chiffonniers", p. 132 ; "Le Crépuscule du soir", p. 122 ; "Abel et Caïn", p. 148.

LXXVI

SPLEEN

J'ai plus de souvenirs que si j'avais mille ans.

Un gros meuble à tiroirs encombré de bilans,
De vers, de billets doux, de procès, de romances[1],
Avec de lourds cheveux roulés dans des quittances,
5 Cache moins de secrets que mon triste cerveau.
C'est une pyramide, un immense caveau,
Qui contient plus de morts que la fosse commune.
— Je suis un cimetière abhorré de la lune[2],
Où comme des remords se traînent de longs vers[3]
10 Qui s'acharnent toujours sur mes morts plus chers.
Je suis un vieux boudoir[4] plein de roses fanées,
Où gît tout un fouillis de modes surannées,
Où les pastels[5] plaintifs et les pâles Boucher[6],
Seuls, respirent l'odeur d'un flacon débouché.

15 Rien n'égale en longueur les boiteuses journées,
Quand sous les lourds flocons des neigeuses années
L'ennui, fruit de la morne incuriosité,
Prend les proportions de l'immortalité.
— Désormais tu n'es plus, ô matière vivante !
20 Qu'un granit entouré d'une vague épouvante,
Assoupi dans le fond d'un Sahara brumeux ;
Un vieux sphinx ignoré du monde insoucieux[7],
Oublié sur la carte, et dont l'humeur farouche
Ne chante qu'aux rayons du soleil qui se couche[8].

1. Pièce poétique concernant un sujet sentimental.

2. Que la lune déteste ; elle a en horreur de lui accorder sa lumière.

3. Ce sont les remords qui se traînent comme de longs vers.

4. Petit salon orné avec raffinement.

5. Œuvre exécutée avec des crayons de pastel.

6. Peintre français (1703-1770), célèbre pour ses scènes pastorales pleines de grâce.

7. Indifférent.

8. Allusion à Memnon, fils de l'Aurore. Sa statue faisait entendre — selon la légende — des sons harmonieux, dès qu'elle était frappée par les rayons du soleil, comme si Memnon voulait saluer l'apparition de sa mère.

LXXVII

SPLEEN

Je suis comme le roi d'un pays pluvieux,
Riche, mais impuissant, jeune et pourtant très vieux,
Qui, de ses précepteurs méprisant les courbettes,
S'ennuie avec ses chiens comme avec d'autres bêtes[1].
5 Rien ne peut l'égayer, ni gibier, ni faucon,
Ni son peuple mourant en face du balcon[2].
Du bouffon favori la grotesque ballade[3]
Ne distrait plus le front de ce cruel malade ;
Son lit fleurdelisé[4] se transforme en tombeau,
10 Et les dames d'atour[5], pour qui tout prince est beau,
Ne savent plus trouver d'impudique toilette
Pour tirer un souris de ce jeune squelette.

1. Ambiguïté permettant d'inclure l'entourage humain du jeune roi.

2. Allusion à la Saint-Barthélémy.

3. Petit poème de forme régulière.

4. Orné de fleurs de lis (emblème du royaume de France).

5. Président à la toilette d'une reine.

6. Magicien alchimiste.

7. Eau croupie de la léthargie assimilée à un fleuve des Enfers.

Le savant[6] qui lui fait de l'or n'a jamais pu
De son être extirper l'élément corrompu,
15 Et dans ces bains de sang qui des Romains nous viennent,
Et dont sur leurs vieux jours les puissants se souviennent,
Il n'a su réchauffer ce cadavre hébété
Où coule au lieu de sang l'eau verte du Léthé[7].

LXXVIII
SPLEEN

1. Gémir.

2. Obstinément.

3. Cruel (tire son origine de l'adjectif latin *ater* qui signifie « noir »).

4. Emblème des pirates.

Quand le ciel bas et lourd pèse comme un couvercle
Sur l'esprit gémissant en proie aux longs ennuis,
Et que de l'horizon embrassant tout le cercle
4 Il nous verse un jour noir plus triste que les nuits ;

Quand la terre est changée en un cachot humide,
Où l'Espérance, comme une chauve-souris,
S'en va battant les murs de son aile timide
8 Et se cognant la tête à des plafonds pourris ;

Quand la pluie étalant ses immenses traînées
D'une vaste prison imite les barreaux,
Et qu'un peuple muet d'infâmes araignées
12 Vient tendre ses filets au fond de nos cerveaux,

Des cloches tout à coup sautent avec furie
Et lancent vers le ciel un affreux hurlement,
Ainsi que des esprits errants et sans patrie
16 Qui se mettent à geindre[1] opiniâtrement[2].

— Et de longs corbillards, sans tambours ni musique,
Défilent lentement dans mon âme ; l'Espoir,
Vaincu, pleure, et l'Angoisse atroce[3], despotique,
20 Sur mon crâne incliné plante son drapeau noir[4].

LXXIX
OBSESSION

1. Respiration rauque des moribonds.

Grands bois, vous m'effrayez comme des cathédrales ;
Vous hurlez comme l'orgue ; et dans nos cœurs maudits,
Chambres d'éternel deuil où vibrent de vieux râles[1],
4 Répondent les échos de vos *De profundis.*

Je te hais, Océan ! tes bonds et tes tumultes,
Mon esprit les retrouve en lui ; ce rire amer
De l'homme vaincu, plein de sanglots et d'insultes,
8 Je l'entends dans le rire énorme de la mer.

Comme tu me plairais, ô nuit ! sans ces étoiles
Dont la lumière parle un langage connu !
11 Car je cherche le vide, et le noir, et le nu !

Mais les ténèbres sont elles-mêmes des toiles [2]
Où vivent, jaillissant de mon œil par milliers,
14 Des êtres disparus aux regards familiers.

2. Supports sur lesquels se projettent des visions, celles des disparus.

LXXX
LE GOÛT DU NÉANT

Morne esprit, autrefois amoureux de la lutte,
L'Espoir, dont l'éperon[1] attisait[2] ton ardeur,
Ne veut plus t'enfourcher ! Couche-toi sans pudeur,
Vieux cheval dont le pied à chaque obstacle bute.

5 Résigne-toi, mon cœur ; dors ton sommeil de brute.

Esprit vaincu, fourbu[3] ! Pour toi, vieux maraudeur[4],
L'amour n'a plus de goût, non plus que la dispute ;
Adieu donc, chants du cuivre et soupirs de la flûte !
Plaisirs, ne tentez plus un cœur sombre et boudeur !

10 Le Printemps adorable a perdu son odeur !

Et le Temps m'engloutit minute par minute,
Comme la neige immense un corps pris de roideur[5] ;
Je contemple d'en haut le globe en sa rondeur
Et je n'y cherche plus l'abri d'une cahute[6].

15 Avalanche, veux-tu m'emporter dans ta chute ?

1. Dispositif fixé à la partie postérieure de la chaussure du cavalier pour piquer le cheval et lui faire accélérer son allure.

2. Excitait.

3. Rompu de fatigue.

4. Voleur ; personne qui profite de plaisirs dérobés.

5. Raideur.

6. Cabane.

LXXXI
ALCHIMIE DE LA DOULEUR

L'un t'éclaire avec son ardeur,
L'autre en toi met son deuil, Nature !
Ce qui dit à l'un : Sépulture !
4 Dit à l'autre : Vie et splendeur !

Hermès[1] inconnu qui m'assistes
Et qui toujours m'intimidas,
Tu me rends l'égal de Midas[2],
8 Le plus triste des alchimistes ;

Par toi je change l'or en fer
Et le paradis en enfer ;
11 Dans le suaire des nuages

1. Divinité grecque, assimilée à Mercure ; interprète et messager des dieux, dieu des voyages, du commerce — et des voleurs —, parfois accompagnateur des âmes des morts.

2. Roi de Phrygie qui avait obtenu de Dionysos la faculté de changer en or tout ce qu'il touchait.

Je découvre un cadavre cher,
Et sur les célestes rivages
14 Je bâtis de grands sarcophages.

LXXXII
HORREUR SYMPATHIQUE[1]

De ce ciel bizarre et livide,
Tourmenté comme ton destin,
Quels pensers dans ton âme vide
4 Descendent ? réponds, libertin.

— Insatiablement avide
De l'obscur et de l'incertain,
Je ne geindrai pas comme Ovide[2]
8 Chassé du paradis latin.

Cieux déchirés comme des grèves,
En vous se mire mon orgueil ;
11 Vos vastes nuages en deuil

Sont les corbillards de mes rêves,
Et vos lueurs sont le reflet
14 De l'Enfer où mon cœur se plaît.

LXXXIII
L'HÉAUTONTIMOROUMÉNOS [1]

À J.G.F.[2]

Je te frapperai sans colère
Et sans haine, comme un boucher,
Comme Moïse le rocher !
4 Et je ferai de ta paupière,

Pour abreuver mon Saharah,
Jaillir les eaux de la souffrance.
Mon désir gonflé d'espérance
8 Sur tes pleurs salés nagera

Comme un vaisseau qui prend le large,
Et dans mon cœur qu'ils soûleront
Tes chers sanglots retentiront
12 Comme un tambour qui bat la charge !

Ne suis-je pas un faux accord
Dans la divine symphonie,
Grâce à la vorace Ironie[3]
16 Qui me secoue et qui me mord ?

1. Sympathie pour l'horreur : il existe une correspondance entre l'état d'âme du poète et un paysage lugubre et troublé.

2. Poète latin, favori de l'empereur Auguste (43 av. J.-C. — 17-18 apr. J.-C.). Auteur des *Métamorphoses* et des *Amours*, ce qui peut expliquer le qualificatif de « libertin ». Tombé en disgrâce pour des raisons complexes et incertaines, il fut exilé en 8 apr. J.-C., au Pont-Euxin. Il y écrit les *Tristes* et les *Pontiques* où il se plaint, pour revenir à Rome. Cela restera vain.

1. Signifie « le bourreau de soi-même », titre emprunté à une comédie de l'auteur latin Térence.

2. Dédicace énigmatique.

3. Attitude de distanciation vis-à-vis de soi-même ; ce dédoublement de nature critique produit une dualité torturante qui a pour conséquence qu'une partie de soi fait souffrir l'autre partie.

Elle est dans ma voix, la criarde !
C'est tout mon sang, ce poison noir !
Je suis le sinistre miroir
20 Où la mégère se regarde.

Je suis la plaie et le couteau !
Je suis le soufflet⁴ et la joue !
Je suis les membres et la roue⁵,
24 Et la victime et le bourreau !

Je suis de mon cœur le vampire,
— Un de ces grands abandonnés
Au rire éternel condamnés,
28 Et qui ne peuvent plus sourire !

4. Gifle.

5. Supplice introduit en France au XVIᵉ siècle, qui consistait à rompre les membres d'un condamné attaché sur une roue.

LXXXIV
L'IRRÉMÉDIABLE

I

Une Idée, une Forme, un Être
Parti de l'azur et tombé
Dans un Styx bourbeux et plombé¹
4 Où nul œil du Ciel ne pénètre ;

Un Ange, imprudent voyageur
Qu'a tenté l'amour du difforme²,
Au fond d'un cauchemar énorme
8 Se débattant comme un nageur,

Et luttant, angoisses funèbres !
Contre un gigantesque remous
Qui va chantant comme les fous
12 Et pirouettant dans les ténèbres ;

Un malheureux ensorcelé
Dans ses tâtonnements futiles³,
Pour fuir d'un lieu plein de reptiles,
16 Cherchant la lumière et la clé⁴ ;

Un damné descendant sans lampe,
Au bord d'un gouffre dont l'odeur
Trahit l'humide profondeur,
20 D'éternels escaliers sans rampe,

Où veillent des monstres visqueux
Dont les larges yeux de phosphore
Font une nuit plus noire encore
24 Et ne rendent visibles qu'eux ;

1. Couleur du plomb.

2. Image du spirituel qui a eu la curiosité malsaine de connaître le démoniaque. Négation de la « Forme » (v. 1) victime d'une chute dans l'Enfer.

3. Vains.

4. Cf. Le Puits et le Pendule, d'Edgar Poe.

Un navire pris dans le pôle,
Comme en un piège de cristal,
Cherchant par quel détroit fatal
28 Il est tombé dans cette geôle [5] ;

— Emblèmes[6] nets, tableau parfait
D'une fortune irrémédiable,
Qui donne à penser que le Diable
32 Fait toujours bien tout ce qu'il fait !

II

5. Prison.
6. Toutes les situations précédentes illustrent le triomphe du Mal dans l'existence.

7. Dans la confrontation entre le poète et son existence (« tête-à-tête », v. 33), l'idée de lumière, qui guide la marche dans la nuit, symbolise la lucidité dans la culpabilité et dans les ténèbres de ce Mal qu'est l'existence. Cela apaise le poète et constitue une forme de dignité.

1. De mauvais présage, funeste (en relation avec l'origine latine de ce mot : *sinister*, « situé à gauche »).
2. L'aiguille de l'horloge.
3. Génie de l'air dans les mythologies celtiques.
4. Métaphore du théâtre.
5. Qui aime s'amuser.
6. Matière dépourvue de valeur qui entoure un minerai ou une pierre précieuse dans son gisement naturel.

Tête-à-tête sombre et limpide
Qu'un cœur devenu son miroir !
Puits de Vérité, clair et noir,
36 Où tremble une étoile livide,

Un phare ironique, infernal,
Flambeau[7] des grâces sataniques,
Soulagement et gloire uniques,
40 — La conscience dans le Mal !

LXXXV

L'HORLOGE

Horloge ! dieu sinistre[1], effrayant, impassible,
Dont le doigt[2] nous menace et nous dit : « *Souviens-toi !*
Les vibrantes Douleurs dans ton cœur plein d'effroi
4 Se planteront bientôt comme dans une cible ;

Le Plaisir vaporeux fuira vers l'horizon
Ainsi qu'une sylphide[3] au fond de la coulisse [4] ;
Chaque instant te dévore un morceau du délice
8 À chaque homme accordé pour toute sa saison.

Trois mille six cents fois par heure, la Seconde
Chuchote : *Souviens-toi !* — Rapide, avec sa voix
D'insecte, Maintenant dit : Je suis Autrefois,
12 Et j'ai pompé ta vie avec ma trompe immonde !

Remember ! Souviens-toi ! prodige ! *Esto memor !*
(Mon gosier de métal parle toutes les langues.)
Les minutes, mortel folâtre[5], sont des gangues[6]
16 Qu'il ne faut pas lâcher sans en extraire l'or !

Souviens-toi que le Temps est un joueur avide
Qui gagne sans tricher, à tout coup ! c'est la loi.
Le jour décroît ; la nuit augmente ; *souviens-toi !*
20 Le gouffre a toujours soif ; la clepsydre[7] se vide.

Tantôt sonnera l'heure où le divin Hasard,
Où l'auguste Vertu, ton épouse encor vierge,
Où le Repentir même (oh ! la dernière auberge[8] !),
24 Où tout te dira : Meurs, vieux lâche ! il est trop tard ! »

7. Horloge antique mesurant le temps par un écoulement régulier d'eau dans un récipient gradué.

8. Constituée par le repentir.

*Illustration
de Rouault
pour* Les Fleurs du mal
(XXᵉ).

Le temps

Le poète a souvent exprimé sa souffrance face au temps qui passe : "Oui ! le Temps règne ; il a repris sa brutale dictature. Et il me pousse, comme si j'étais un bœuf, avec son double aiguillon. – 'Eh hue donc ! bourrique ! Sue donc, esclave ! Vis donc, damné !' " (*Petits poèmes en prose*, "La Chambre double").

"Pour n'être pas les esclaves martyrisés du Temps, enivrez-vous ; enivrez-vous sans cesse ! De vin, de poésie ou de vertu, à votre guise" (*Ibid.* "Enivrez-vous").

"À chaque minute nous sommes écrasés par l'idée et la sensation du temps. Et il n'y a que deux moyens pour échapper à ce cauchemar, — pour l'oublier : le Plaisir et le Travail. Le Plaisir nous use. Le Travail nous fortifie. Choisissons" (*Hygiène*, II).

■ **Un sentiment multiple**

Le temps est ressenti de diverses façons : parfois, il semble démesurément long quand le poète est dominé par l'ennui : "Rien n'égale en longueur les boiteuses journées, /Quand [...] L'ennui [...] / Prend les proportions de l'immortalité" ("Spleen", LXXVI, v. 15-18). La durée n'est plus un avantage, mais un supplice. Le poète a l'impression de s'enliser dans un temps dont l'écoulement est très morne : "Tant l'écheveau du temps lentement se dévide !" ("De profundis clamavi", v. 14). Le mal de l'existence est aggravé par la sensation d'un vain recommencement :

"— Elle pleure [...] parce qu'elle a vécu !
Et parce qu'elle vit ! [...]
[...] demain, hélas ! il faudra vivre encore !
Demain, après-demain et toujours ! [...]"
("Le Masque", v. 32-36.)

À l'opposé, le temps peut paraître trop court pour réaliser les projets, de quelque nature qu'ils soient : "la clepsydre se vide", "[...] il est trop tard !", "Maintenant dit : Je suis Autrefois" ("L'Horloge", v. 20, 24, 11) ; "[...] le Temps, injurieux vieillard", "Noir assassin de la Vie et de l'Art" ("Un Fantôme", IV, v. 10, 12).

■ **Les effets destructeurs du temps**

Le temps est responsable d'un processus de détérioration physique et mentale. Dans "Réversibilité", le poète exprime son angoisse devant une future décrépitude : "Ange plein de beauté, connaissez-vous les rides, /Et la peur de vieillir [...] (v. 16-17).

Cette désespérante dégradation est rendue sensible dans "Le Goût du néant" par l'opposition entre un passé satisfaisant dans lequel le poète éprouvait de "l'ardeur" et le présent insupportable où il constate son incapacité à réagir, où sa sensibilité est émoussée : "Le Printemps adorable a perdu son odeur" (v. 10). Tout est affadi, plus rien ne le stimule. Avec cette asthénie physique, cette atrophie sentimentale et intellectuelle, il ne reste plus que l'anéantissement : "Résigne-toi, mon cœur ; dors ton sommeil de brute", "Avalanche, veux-tu m'emporter dans ta chute ?" (v. 5, 15).

Le temps qui passe est perçu comme un handicap, car il provoque un amoindrissement des facultés, une déperdition des capacités créatrices. Dans "Chant d'automne", I, le changement de saison est vécu comme le signal de l'engourdissement, de l'ankylose, voire du délabrement de l'inspiration du poète :

> "Tout l'hiver va rentrer dans mon être : colère,
> Haine, frissons, horreur, labeur dur et forcé," (v. 5-6)
> "Mon esprit est pareil à la tour qui succombe" (v. 11).

Cette crainte s'observe également dans "L'Ennemi" : "Voilà que j'ai touché l'automne des idées" (v. 5) ; le poète accablé doute de la possibilité de fertiliser à nouveau le "sol lavé" de son cerveau.

■ Une présence irrémédiable

Seul, l'imaginaire permet d'exorciser les méfaits du temps. Dans "L'Invitation au voyage", "là-bas", il est possible d'"aimer à loisir" et les meubles sont "polis par les ans" (v. 4, 16). La sortie du rêve s'accompagne toujours du retour du temps :

> "La pendule aux accents funèbres
> Sonnait brutalement midi" ("Rêve parisien", II, V. 57-58).

L'opium produit une dilatation du temps, il "approfondit" le temps ("Le Poison", v. 7) dont la perception est complètement bouleversée : "L'éternité a duré une minute. Un autre courant d'idées vous emporte ; il vous emportera pendant une minute dans son tourbillon vivant, et cette minute sera encore une éternité [...]. On vit plusieurs vies d'homme en l'espace d'une heure [...]. Tout à l'heure l'idée du temps disparaîtra complètement [...]. Le temps avait complètement disparu" (*Les Paradis artificiels*, IV, "Le Haschisch").

Le temps est une hantise et il est impossible d'y échapper : ce qui est factice est éphémère. Baudelaire est particulièrement sensible à l'usure des choses et à l'altération des êtres causées par le temps.

Spleen et Idéal

■ La section "Spleen et Idéal" se présente comme une exposition des aspirations, des hantises et de la négativité baudelairiennes ; le lecteur y observe un système de contrastes et une amorce des grandes lignes qui vont se retrouver dans les autres sections et former ainsi la trajectoire du recueil. L'unité et la cohérence interne des *Fleurs du mal* se manifestent dans ce maillage d'idées en intime correspondance d'une section à l'autre. La construction de la section repose sur trois éléments essentiels : l'art, l'amour et le spleen inhérent à l'existence ; ce schéma ternaire fondateur est repris dans chaque section ultérieure. La dichotomie caractéristique du titre "Spleen et Idéal" fédère le parcours de la section, mais la primarité du mot "spleen" entache les divers pôles d'attraction du poète et ses attachements successifs. L'idéal désigne un besoin d'ascension vers l'absolu, un désir d'infinité, une aspiration libératrice loin des finitudes qui enlisent. La présence de la conjonction de coordination "et" souligne le caractère inévitable et fatal de la liaison entre ces deux éléments opposés et apparemment incompatibles. Il faut donc s'attendre à ce que cette bipolarité influe sur chaque thème abordé : chaque réalité est potentiellement à la fois bonne et mauvaise, susceptible d'entretenir le dégoût ou de faire naître le ravissement, de correspondre à une valeur esthétique ou morale, d'incarner une tentation mortelle. Chaque chose peut être elle-même et son contraire ; le plaisir n'est donc pas à l'abri de la douleur et le poète doit passer par la négativité du spleen pour espérer trouver l'idéal. La section "La Mort" confirme cette démarche intellectuelle, puisque dans "La Mort des amants" (p. 153), il faut d'abord accepter d'expérimenter "les flammes mortes" avant de connaître le bonheur d'une renaissance. Cet idéal est présent dans "La Beauté", dans certains moments où le recul du temps permet de filtrer les impuretés du présent ("Harmonie du soir", p. 64 ; "Le Balcon", p. 51), mais les imperfections du réel s'insinuent souvent au cœur même de la tentative d'élévation spirituelle :

> "L'innocent paradis, plein de plaisirs furtifs,
> Est-il déjà plus loin que l'Inde et que la Chine ?"
> ("Moesta et errabunda", v. 26-27, p. 87).

■ Cette section débute par l'arrivée prometteuse du poète en ce monde, considéré par sa mère comme un "nœud de vipères", mais objet de la protection divine. L'artiste a l'ambition d'être "le prince des nuées" ("L'Albatros", p. 18), il souhaite se "purifier dans l'air supérieur" ("Élévation", p. 18). Cependant, l'auréole dont il était paré dans "Bénédiction" (p. 16) est rapidement ternie et la chute dans l'insuccès menace le poète, même si les élans dynamiques — relatifs — de "La Vie antérieure" (p. 27), des "Bohémiens en voyage" (p. 29), de "L'Homme et la Mer" (p. 29) peuvent contrebalancer les désillusions de "L'Ennemi" (p. 26) ou du "Guignon" (p. 27). Le cycle des poèmes consacrés aux inspiratrices de Baudelaire ne comble pas les désirs du poète. En effet dans les poèmes d'amour alternent l'évasion exotique, purificatrice, et la perdition démoniaque : "Sed non satiata" (p. 42), "De profundis clamavi" (p. 46) ainsi que "Remords posthume" (p. 50) contrastent avec "Parfum exotique" (p. 37) et "La Chevelure" (p. 39). La fascination du corps comparé à un "fin vaisseau" ("Le Serpent qui danse" (p. 43) est suivie de l'évocation baroque de la "pourriture" :

> "[…] vous serez semblable à cette ordure,
> À cette horrible infection,
>   […]
> Vous, mon ange et ma passion !"
> ("Une charogne", v. 37-38, 40, p. 44).

Obéissant au même procédé, "L'Invitation au voyage" (p. 74) est en contradiction avec "L'Irréparable" (p. 77) :

> "Mais mon cœur, que jamais ne visite l'extase,
>   Est un théâtre où l'on attend
> Toujours, toujours en vain, l'Être aux ailes de gaze !"
> (v. 48-50).

■ Entre la duplicité de l'amour et le cycle dominant du spleen, la transition est faite par une sorte de leçon de philosophie donnée par "Les Chats" et "Les Hiboux", par l'évasion fragile offerte par "La Pipe" et "La Musique". Le morbide commence à s'installer par "Sépulture", "Une gravure fantastique", "Le Mort joyeux", "Le Tonneau de la haine". Ces poèmes constituent un prélude au brouillard mental du spleen qui s'abat sur le poète depuis "La Cloche fêlée" jusqu'au "Goût du néant". Le mal qui ronge le poète, provoqué par son refus des perpétuelles frustrations de la condition humaine, se prolonge dans la noirceur de l'"Alchimie de la douleur", de l'"Horreur sympathique" où les dessins des nuages figurent les "corbillards" des "rêves" de Baudelaire. La désespérance de "L'Héautontimoroumenos" et de "L'Irrémédiable" conduit à l'inéluctable de "L'Horloge", p. 103 :

> "Meurs, vieux lâche ! il est trop tard !" (v. 24).

Après ce parcours, le poète sombre dans l'abîme : il était voué à la course au néant de la mort, sans aucune possibilité de rachat. Sensible à l'extrême, aux insuffisances du présent, Baudelaire est harcelé par le constat de l'inaccomplissement de ses projets et par le regret de l'inaccessibilité de la perfection, du paradis perdu.

TABLEAUX PARISIENS

LXXXVI

PAYSAGE

1. Petit poème pastoral.

2. Pierre blanche et translucide dont on fait des objets d'art.

3. Petit poème du genre bucolique ou pastoral, comportant généralement un thème amoureux.

4. Fait référence à la révolution de 1848.

Je veux, pour composer chastement mes églogues[1],
Coucher auprès du ciel, comme les astrologues,
Et, voisin des clochers, écouter en rêvant
Leurs hymnes solennels emportés par le vent.

5 Les deux mains au menton, du haut de ma mansarde,
Je verrai l'atelier qui chante et qui bavarde ;
Les tuyaux, les clochers, ces mâts de la cité,
Et les grands ciels qui font rêver d'éternité.

Il est doux, à travers les brumes, de voir naître
10 L'étoile dans l'azur, la lampe à la fenêtre,
Les fleuves de charbon monter au firmament
Et la lune verser son pâle enchantement.
Je verrai les printemps, les étés, les automnes ;
Et quand viendra l'hiver aux neiges monotones,
15 Je fermerai partout portières et volets
Pour bâtir dans la nuit mes féeriques palais.
Alors je rêverai des horizons bleuâtres,
Des jardins, des jets d'eau pleurant dans les albâtres[2],
Des baisers, des oiseaux chantant soir et matin,
20 Et tout ce que l'Idylle[3] a de plus enfantin.
L'Émeute[4], tempêtant vainement à ma vitre,
Ne fera pas lever mon front de mon pupitre ;
Car je serai plongé dans cette volupté
D'évoquer le Printemps avec ma volonté,
25 De tirer un soleil de mon cœur, et de faire
De mes pensers brûlants une tiède atmosphère.

LXXXVII

LE SOLEIL

1. Maison misérable, délabrée.

2. Débauches.

3. Fantaisiste.

Le long du vieux faubourg, où pendent aux masures[1]
Les persiennes, abri des secrètes luxures[2],
Quand le soleil cruel frappe à traits redoublés
Sur la ville et les champs, sur les toits et les blés,
5 Je vais m'exercer seul à ma fantasque[3] escrime,
Flairant dans tous les coins les hasards de la rime,
Trébuchant sur les mots comme sur les pavés,
Heurtant parfois des vers depuis longtemps rêvés.

Ce père nourricier, ennemi des chloroses,
10 Éveille dans les champs les vers comme les roses ;
Il fait s'évaporer les soucis vers le ciel,
Et remplit les cerveaux et les ruches de miel.

C'est lui qui rajeunit les porteurs de béquilles
Et les rend gais et doux comme des jeunes filles,
15 Et commande aux moissons de croître et de mûrir
Dans le cœur immortel qui toujours veut fleurir !

Quand, ainsi qu'un poète, il descend dans les villes,
Il ennoblit le sort des choses les plus viles,
Et s'introduit en roi, sans bruit et sans valets,
20 Dans tous les hôpitaux et dans tous les palais.

LXXXVIII
À UNE MENDIANTE ROUSSE

Blanche fille aux cheveux roux,
Dont la robe par ses trous
Laisse voir la pauvreté
4   Et la beauté,

Pour moi, poète chétif,
Ton jeune corps maladif,
Plein de taches de rousseur,
8   A sa douceur.

Tu portes plus galamment
Qu'une reine de roman
Ses cothurnes[1] de velours
12   Tes sabots lourds.

Au lieu d'un haillon trop court,
Qu'un superbe habit de cour
Traîne à plis bruyants et longs
16   Sur tes talons ;

En place de bas troués,
Que pour les yeux des roués[2]
Sur ta jambe un poignard d'or
20   Reluise encor ;

Que des nœuds mal attachés
Dévoilent pour nos péchés
Tes deux beaux seins, radieux
24   Comme des yeux ;

Que pour te déshabiller
Tes bras se fassent prier

1. Chaussure montante à semelles très épaisses, portée par les comédiens du théâtre antique.

2. Allusion au nom donné aux compagnons de débauche du Régent.

3. Badins.

4. Taquineries d'un jeu galant.

5. Enchaînés dans la prison de l'amour.

6. Les galants qui offrent des sonnets sont assimilés à un ensemble de domestiques (au service de la belle).

7. Poètes.

8. Nouveautés poétiques.

9. Terme ancien : plaisirs charnels.

10. En attendant la réalisation hypothétique de la situation imaginée à partir du vers 14.

11. Mendiant.

12. Expression ironique car le Véfour est un restaurant prestigieux et très cher.

13. Convoitant secrètement.

Et chassent à coups mutins[3]
28   Les doigts lutins[4],

Perles de la plus belle eau,
Sonnets de maître Belleau
Par tes galants mis aux fers[5]
32   Sans cesse offerts,

Valetaille[6] de rimeurs[7]
Te dédiant leurs primeurs[8]
Et contemplant ton soulier
36   Sous l'escalier,

Maint page épris du hasard,
Maint seigneur et maint Ronsard
Épieraient pour le déduit[9]
40   Ton frais réduit !

Tu compterais dans tes lits
Plus de baisers que de lis
Et rangerais sous tes lois
44   Plus d'un Valois !

— Cependant[10] tu vas gueusant[11]
Quelque vieux débris gisant
Au seuil de quelque Véfour[12]
48   De carrefour ;

Tu vas lorgnant[13] en dessous
Des bijoux de vingt-neuf sous
Dont je ne puis, oh ! pardon !
52   Te faire don.

Va donc, sans autre ornement,
Parfum, perles, diamant,
Que ta maigre nudité,
56   Ô ma beauté !

LXXXIX
LE CYGNE

À Victor Hugo[1]

I

Andromaque[2], je pense à vous ! Ce petit fleuve,
Pauvre et triste miroir où jadis resplendit
L'immense majesté de vos douleurs de veuve,
4 Ce Simoïs menteur[3] qui par vos pleurs grandit,

A fécondé soudain ma mémoire fertile,
Comme je traversais le nouveau Carrousel.
Le vieux Paris n'est plus[4] (la forme d'une ville
8 Change plus vite, hélas ! que le cœur d'un mortel) ;

Je ne vois qu'en esprit tout ce camp de baraques,
Ces tas de chapiteaux ébauchés et de fûts,
Les herbes, les gros blocs verdis par l'eau des flaques,
12 Et, brillant aux carreaux, le bric-à-brac[5] confus.

Là s'étalait jadis une ménagerie ;
Là je vis, un matin, à l'heure où sous les cieux
Froids et clairs le Travail s'éveille, où la voirie[6]
16 Pousse un sombre ouragan dans l'air silencieux,

Un cygne qui s'était évadé de sa cage,
Et, de ses pieds palmés frottant le pavé sec,
Sur le sol raboteux traînait son blanc plumage.
20 Près d'un ruisseau sans eau la bête ouvrant le bec

Baignait nerveusement ses ailes dans la poudre[7],
Et disait, le cœur plein de son beau lac natal :
« Eau, quand donc pleuvras-tu ? quand tonneras-tu, fou-
[dre ? »
24 Je vois ce malheureux, mythe étrange et fatal,

Vers le ciel quelquefois, comme l'homme d'Ovide[8],
Vers le ciel ironique et cruellement bleu,
Sur son cou convulsif tendant sa tête avide,
28 Comme s'il adressait des reproches à Dieu !

---

1. Qui a choisi de demeurer en exil, bien que l'Empire eût décrété l'amnistie pour les opposants exilés, en août 1859.

2. Femme d'Hector, fils de Priam et d'Hécube, tué par Achille ; exilée en Épire après la défaite de Troie. Épouse de Pyrrhus, abandonnée par lui, devient l'épouse du devin troyen Hélénus, son beau-frère et esclave comme elle.

3. En exil, elle a fait reproduire « en petit » le fleuve de sa patrie (épisode présent au troisième chant de l'*Énéide* de Virgile).

4. Allusion aux premiers travaux d'Haussmann ; démolition du vieux quartier du Doyenné après 1849.

5. Ensemble de vieux objets disparates.

6. Ramassage matinal des ordures.

7. Poussière.

8. Passage des *Métamorphoses* où Ovide évoque les origines de l'homme.

II

9. Atteinte de tuber-
culose.

10. Comme Romulus
et Rémus.

Paris change ! mais rien dans ma mélancolie
N'a bougé ! palais neufs, échafaudages, blocs,
Vieux faubourgs, tout pour moi devient allégorie,
32 Et mes chers souvenirs sont plus lourds que des rocs.

Aussi devant ce Louvre une image m'opprime :
Je pense à mon grand cygne, avec ses gestes fous,
Comme les exilés, ridicule et sublime,
36 Et rongé d'un désir sans trêve ! et puis à vous,

Andromaque, des bras d'un grand époux tombée,
Vil bétail, sous la main du superbe Pyrrhus,
Auprès d'un tombeau vide en extase courbée ;
40 Veuve d'Hector, hélas ! et femme d'Hélénus !

Je pense à la négresse, amaigrie et phtisique[9],
Piétinant dans la boue, et cherchant, l'œil hagard,
Les cocotiers absents de la superbe Afrique
44 Derrière la muraille immense du brouillard ;

À quiconque a perdu ce qui ne se retrouve
Jamais, jamais ! à ceux qui s'abreuvent de pleurs
Et tètent la Douleur comme une bonne louve[10] !
48 Aux maigres orphelins séchant comme des fleurs !

Ainsi dans la forêt où mon esprit s'exile
Un vieux Souvenir sonne à plein souffle du cor !
Je pense aux matelots oubliés dans une île,
52 Aux captifs, aux vaincus !... à bien d'autres encor !

"Le Cygne"

Ce poème proposé en 1859 à Calonne, directeur de la *Revue contemporaine*, a été refusé. Il est dédié au poète Victor Hugo qui choisit de rester en exil en dépit de l'amnistie proposée par l'Empire à ses opposants. Ce poème est en fait dédié à tous les exclus, à tous les humiliés. Nous montrerons comment la nostalgie du poète, née des transformations haussmanniennes de Paris, conduit à une méditation symbolique sur toutes les formes d'exil.

■ La nostalgie

a - L'apostrophe à Andromaque introduit le poème et l'installe dans une référence à un passé antique, et le personnage lui-même est en situation de regretter son passé. Veuve fidèle, elle a reproduit le fleuve de Troie ("Simoïs menteur", I, v. 4), et elle s'incline devant un cénotaphe (II, v. 39) pour entretenir la mémoire et honorer les reliques affectives du passé.

b - Par association d'idées, la nostalgie d'Andromaque a "fécondé" (I, v. 5) la mémoire du poète d'où surgissent les images des "vieux faubourgs" (II, v. 31). Le passé renaît : "jadis", "mes chers souvenirs" (I, v. 13 ; II, v. 32). Le poète s'identifie à Andromaque ; comme elle, il est "veuf" : "Le vieux Paris n'est plus" (I, v. 7). Il exprime sa fidélité, son indéfectible attachement au passé :

"[…] (la forme d'une ville
Change plus vite, hélas ! que le cœur d'un mortel) ;"
(I, v. 7-8).
"Paris change ! mais rien dans ma mélancolie
N'a bougé ! […]" (II, v. 29-30).

Le rejet du vers 30 renforce le lien avec l'ancien Paris ; par contre, le présent des rénovations urbaines est discrédité par des sonorités assez déplaisantes, voire cacophoniques : "ba*raques*", "fl*aques*", "bric-à-*brac*" (I, v. 9, 11, 12), et par des qualifications à connotation négative : "ébauchés", "verdis", "confus" (I, v. 10, 11, 12).

Tous ces regrets sont indissociables de la notion d'exil.

■ L'exil

a - La réalité de l'exil se traduit par la transplantation dans un environnement inhospitalier. L'hostilité du décor autour du cygne déraciné ("sol raboteux", I, v. 19) est aggravée par le dessèchement : "pavé sec", "ruisseau sans eau", "la poudre" (I, v. 18, 20, 21). Le cygne souffre d'être privé de son milieu d'origine ; l'oiseau est frustré des vertus de son "lac natal" comme Andromaque est dépossédée de l'authentique Simoïs. Le ciel semble s'acharner contre le cygne en restant indifférent à ses supplications : "Eau, quand donc pleuvras-tu ? quand tonneras-tu, foudre ?" (I, v. 23). La structure en chiasme amplifie le pathétique de la demande. La "négresse" de la deuxième partie est rendue malade par son environnement dont la nocivité est concrétisée par la présence malsaine de l'eau sous la forme de l'humidité : "boue", "brouillard" (v. 42, 44). La métaphore de la "muraille" et les enjambements des vers 43 et 44 rendent inaccessible le milieu naturel de la "négresse", la chaude et sèche Afrique.

b - L'exil provoque de graves perturbations physiques et morales. Le cygne, inadapté à ce décor, est traumatisé, il a perdu sa grâce et son équilibre : "traînait son blanc plumage", "ouvrant le bec", "nerveusement", "cou convulsif", "gestes fous", "ridicule et sublime" (I, v. 19, 20, 21, 27 ; II, v. 34, 35). Andromaque a perdu son prestige originel : "vil bétail", "sous la main", "courbée". Elle est déchue et méprisée (II, v. 38, 39).

La "négresse" est totalement désorientée, elle a perdu ses repères : "cherchant, l'œil hagard" ; ses mouvements ne la font pas progresser dans la bonne direction : "piétinant" (II, v. 42).

Cet exil est envisagé de telle manière que chacun puisse se reconnaître dans ces déracinements.

■ Une méditation symbolique

a - La promenade du poète dans Paris est dépourvue de tout pittoresque ; l'accent est mis sur les opérations mentales du poète : "Je ne vois qu'en esprit", "Andromaque, je pense à vous !", "Je pense à mon grand cygne", "Je pense à la négresse", "Je pense aux matelots…", (I, v. 9, 1 ; II, v. 34, 41, 51).

L'emploi du mot "mythe" (I, v. 24), du mot "allégorie" (II, v. 31), l'utilisation répétée d'allégories ("Travail", "Douleur", "Souvenir", I, v. 15 ; II, v. 47, 50), le recours au présent de vérité générale (I, v. 8 ; II, v. 45, 46, 47) montrent l'élargissement symbolique de l'anecdote.

b - Andromaque et le cygne, personnifié ("le cœur", I, v. 22) et point de départ de la comparaison ("Comme les exilés", II, v. 35), deviennent des figures emblématiques, ce qui permet au poète de généraliser son propos : "À quiconque […]" (II, v. 45). L'exil concerne désormais tous ceux qui sont privés de l'essentiel sans espoir de l'atteindre, les "orphelins" (II, v. 48) en quête de patrie ou d'affection, les assoiffés d'idéal, les abandonnés, les exclus. Le rejet martelé "Jamais, jamais !" (II, v. 46) amplifie le caractère irréparable du manque et le tragique de la condition humaine incarnée dans les "captifs", "les vaincus", "bien d'autres encor !" (II, v. 46, 52). Le poète est solidaire de tous ces déshérités ; en fait, tous ces destinataires sont l'image démultipliée du poète, il leur ressemble, il s'agit de lui.

Dans le nouveau cadre parisien, le poète n'est pas plus à l'aise que le cygne dans la poussière ou Andromaque en Épire. Il utilise cette évocation pour proposer une sorte de parabole sur le déracinement moral et les attentes non comblées.

XC

LES SEPT VIEILLARDS

À Victor Hugo.

Fourmillante cité, cité pleine de rêves,
Où le spectre en plein jour raccroche[1] le passant !
Les mystères partout coulent comme des sèves
4 Dans les canaux étroits du colosse puissant.

Un matin, cependant que dans la triste rue
Les maisons, dont la brume allongeait la hauteur,
Simulaient les deux quais d'une rivière accrue,
8 Et que, décor semblable à l'âme de l'acteur,

Un brouillard sale et jaune inondait tout l'espace,
Je suivais, roidissant[2] mes nerfs comme un héros
Et discutant avec mon âme déjà lasse,
12 Le faubourg secoué par les lourds tombereaux[3].

Tout à coup, un vieillard dont les guenilles jaunes
Imitaient la couleur de ce ciel pluvieux,
Et dont l'aspect aurait fait pleuvoir les aumônes,
16 Sans la méchanceté qui luisait dans ses yeux,

M'apparut. On eût dit sa prunelle trempée
Dans le fiel ; son regard aiguisait les frimas,
Et sa barbe à longs poils, roide comme une épée,
20 Se projetait, pareille à celle de Judas[4].

Il n'était pas voûté, mais cassé, son échine
Faisant avec sa jambe un parfait angle droit,
Si bien que son bâton, parachevant sa mine,
24 Lui donnait la tournure et le pas maladroit

D'un quadrupède infirme ou d'un juif à trois pattes[5].
Dans la neige et la boue il allait s'empêtrant,
Comme s'il écrasait des morts sous ses savates,
28 Hostile à l'univers plutôt qu'indifférent.

Son pareil le suivait : barbe, œil, dos, bâton, loques[6],
Nul trait ne distinguait, du même enfer venu,
Ce jumeau centenaire, et ces spectres baroques[7]
32 Marchaient du même pas vers un but inconnu.

À quel complot infâme étais-je donc en butte,
Ou quel méchant hasard ainsi m'humiliait ?
Car je comptai sept fois, de minute en minute,
36 Ce sinistre vieillard qui se multipliait !

1. Arrête, attire le passant, racole.

2. Raidissant.

3. Caisse montée sur deux roues servant au transport des matériaux ; on la fait basculer à l'arrière pour la décharger.

4. Disciple qui a trahi le Christ.

5. Parodie du mythe du Juif errant (Ahasvérus) qui aurait été condamné à errer éternellement pour avoir insulté le Christ en croix. Personnage popularisé par Eugène Sue.

6. Vêtements déchirés.

7. Bizarres.

8. Déchéance physique.

9. Qui ressemble en tout point au vieillard précédent. À l'origine, dans *Amphitryon* (comédie latine de Plaute), Sosie est le nom du valet d'Amphitryon dont Mercure a pris les traits pour s'acquitter d'une mission auprès d'Alcmène, l'épouse d'Amphitryon, et ce, sur l'ordre de Jupiter.

10. Oiseau fabuleux, capable de renaître de ses cendres.

11. Profondément dépité.

Que celui-là qui rit de mon inquiétude,
Et qui n'est pas saisi d'un frisson fraternel,
Songe bien que malgré tant de décrépitude[8]
40 Ces sept monstres hideux avaient l'air éternel !

Aurais-je, sans mourir, contemplé le huitième,
Sosie[9] inexorable, ironique et fatal,
Dégoûtant Phénix[10], fils et père de lui-même ?
44 — Mais je tournai le dos au cortège infernal.

Exaspéré comme un ivrogne qui voit double,
Je rentrai, je fermai ma porte, épouvanté,
Malade et morfondu[11], l'esprit fiévreux et trouble,
48 Blessé par le mystère et par l'absurdité !

Vainement ma raison voulait prendre la barre ;
La tempête en jouant déroutait ses efforts,
Et mon âme dansait, dansait, vieille gabarre
52 Sans mâts, sur une mer monstrueuse et sans bords !

XCI
LES PETITES VIEILLES

À Victor Hugo.

I

1. Tendances naturelles.

2. Héroïne gauloise, femme de Sabinus, qui tenta d'affranchir les Gaulois de la tutelle romaine en 69. Vaincu, elle le cacha ; trahi, exécuté sur l'ordre de Vespasien, Éponine le suivit dans la mort, après avoir injurié Vespasien ; elle symbolise la vertu.

3. Courtisane grecque.

4. Fouettés.

5. Dessins, chiffres, mots, représentant, directement ou phonétiquement, la phrase que l'on veut exprimer.

Dans les plis sinueux des vieilles capitales,
Où tout, même l'horreur, tourne aux enchantements,
Je guette, obéissant à mes humeurs fatales[1],
4 Des êtres singuliers, décrépits et charmants.

Ces monstres disloqués furent jadis des femmes,
Éponine[2] ou Laïs[3] ! Monstres brisés, bossus
Ou tordus, aimons-les ! ce sont encor des âmes.
8 Sous des jupons troués et sous de froids tissus

Ils rampent, flagellés[4] par les bises iniques,
Frémissant au fracas roulant des omnibus,
Et serrant sur leur flanc, ainsi que des reliques,
12 Un petit sac brodé de fleurs ou de rébus[5] ;

Ils trottent, tout pareils à des marionnettes ;
Se traînent, comme font les animaux blessés,
Ou dansent, sans vouloir danser, pauvres sonnettes
16 Où se pend un Démon sans pitié ! Tout cassé

Qu'ils sont, ils ont des yeux perçants comme une vrille[6],
Luisants comme ces trous où l'eau dort dans la nuit ;
Ils ont les yeux divins de la petite fille
20 Qui s'étonne et qui rit à tout ce qui reluit.

— Avez-vous observé que maints cercueils de vieilles
Sont presque aussi petits que celui d'un enfant ?
La Mort savante met dans ces bières[7] pareilles
24 Un symbole d'un goût bizarre et captivant,

Et lorsque j'entrevois un fantôme débile
Traversant de Paris le fourmillant tableau,
Il me semble toujours que cet être fragile
28 S'en va tout doucement vers un nouveau berceau ;

À moins que, méditant sur la géométrie,
Je ne cherche, à l'aspect de ces membres discords[8],
Combien de fois il faut que l'ouvrier varie
32 La forme de la boîte où l'on met tous ces corps.

— Ces yeux sont des puits faits d'un million de larmes,
Des creusets qu'un métal refroidi pailleta...
Ces yeux mystérieux ont d'invincibles charmes
36 Pour celui que l'austère Infortune allaita !

II

De Frascati[9] défunt Vestale[10] enamourée [11] ;
Prêtresse de Thalie[12], hélas ! dont le souffleur
Enterré[13] sait le nom ; célèbre évaporée[14]
40 Que Tivoli[15] jadis ombragea dans sa fleur,

Toutes m'enivrent ! mais parmi ces êtres frêles
Il en est qui, faisant de la douleur un miel,
Ont dit au Dévouement qui leur prêtait ses ailes :
44 Hippogriffe[16] puissant, mène-moi jusqu'au ciel !

L'une, par sa patrie au malheur exercée[17],
L'autre, que son époux surchargea de douleurs,
L'autre, par son enfant Madone transpercée,
48 Toutes auraient pu faire un fleuve avec leurs pleurs !

6. Outil à percer le bois.

7. Cercueil.

8. Inharmonieux, mal coordonnés.

9. Maison de jeux, salons de danse ; établissement fermé en 1837.

10. Prêtresse de Vesta, entretenant le feu sacré de la déesse, astreinte à la chasteté.

11. Amoureuse.

12. Muse de la comédie et de l'idylle.

13. D'abord sous la scène, puis sous terre.

14. Personne légère, étourdie, écervelée.

15. Lieu de plaisirs populaires en vogue sous la Restauration.

16. Animal fabuleux moitié cheval, moitié griffon (corps de lion, tête et ailes d'aigle).

17. Mise à l'épreuve par (désigne les exilées politiques).

III

Ah ! que j'en ai suivi de ces petites vieilles !
Une, entre autres, à l'heure où le soleil tombant
Ensanglante le ciel de blessures vermeilles,
52 Pensive, s'asseyait à l'écart sur un banc,

Pour entendre un de ces concerts, riches de cuivre[18],
Dont les soldats parfois inondent nos jardins,
Et qui, dans ces soirs d'or où l'on se sent revivre,
56 Versent quelque héroïsme au cœur des citadins.

Celle-là, droite encor, fière et sentant la règle[19],
Humait avidement ce chant vif et guerrier ;
Son œil parfois s'ouvrait comme l'œil d'un vieil aigle [20] ;
60 Son front de marbre avait l'air fait pour le laurier [21] !

IV

Telles vous cheminez, stoïques et sans plaintes,
À travers le chaos des vivantes cités,
Mères au cœur saignant, courtisanes ou saintes,
64 Dont autrefois les noms par tous étaient cités.

Vous qui fûtes la grâce ou qui fûtes la gloire,
Nul ne vous reconnaît ! un ivrogne incivil[22]
Vous insulte en passant d'un amour dérisoire ;
68 Sur vos talons gambade un enfant lâche et vil[23].

Honteuses d'exister, ombres ratatinées,
Peureuses, le dos bas, vous côtoyez les murs ;
Et nul ne vous salue, étranges destinées !
72 Débris d'humanité pour l'éternité mûrs !

Mais moi, moi qui de loin tendrement vous surveille,
L'œil inquiet, fixé sur vos pas incertains,
Tout comme si j'étais votre père, ô merveille !
76 Je goûte à votre insu des plaisirs clandestins :

Je vois s'épanouir vos passions novices [24] ;
Sombres ou lumineux, je vis vos jours perdus ;
Mon cœur multiplié jouit de tous vos vices !
80 Mon âme resplendit de toutes vos vertus !

Ruines ! ma famille ! ô cerveaux congénères [25] !
Je vous fais chaque soir un solennel adieu !
Où serez-vous demain, Èves[26] octogénaires,
84 Sur qui pèse la griffe effroyable de Dieu ?

XCII

LES AVEUGLES

Contemple-les, mon âme ; ils sont vraiment affreux !
Pareils aux mannequins ; vaguement ridicules ;
Terribles, singuliers comme les somnambules ;
4 Dardant on ne sait où leurs globes ténébreux.

1. Crier très fort.
2. Jusqu'à un stade de noirceur morale extrême.

Leurs yeux, d'où la divine étincelle est partie,
Comme s'ils regardaient au loin, restent levés
Au ciel ; on ne les voit jamais vers les pavés
8 Pencher rêveusement leur tête appesantie.

Ils traversent ainsi le noir illimité,
Ce frère du silence éternel. Ô cité !
11 Pendant qu'autour de nous tu chantes, ris et beugles[1],

Éprise du plaisir jusqu'à l'atrocité[2],
Vois ! je me traîne aussi ! mais, plus qu'eux hébété,
14 Je dis : Que cherchent-ils au Ciel, tous ces aveugles ?

XCIII

À UNE PASSANTE

La rue assourdissante autour de moi hurlait.
Longue, mince, en grand deuil, douleur majestueuse,
Une femme passa, d'une main fastueuse
4 Soulevant, balançant le feston[1] et l'ourlet ;

1. Point bouclé de broderie dont le dessin forme des dents qui généralement terminent un bord.

Agile et noble, avec sa jambe de statue.
Moi, je buvais, crispé comme un extravagant,
Dans son œil, ciel livide où germe l'ouragan,
8 La douceur qui fascine et le plaisir qui tue.

Un éclair... puis la nuit ! — Fugitive beauté
Dont le regard m'a fait soudainement renaître,
11 Ne te verrai-je plus que dans l'éternité ?

Ailleurs, bien loin d'ici ! trop tard ! *jamais* peut-être !
Car j'ignore où tu fuis, tu ne sais où je vais,
14 Ô toi que j'eusse aimée, ô toi qui le savais !

XCIV

LE SQUELETTE LABOUREUR

I

1. Poussiéreux.

2. Terme ancien : qui contient des représentations de cadavres.

3. Paysan rustre, mais aussi roturier assujetti à la justice d'un seigneur.

4. Qui ne se laisse pas facilement cultiver.

Dans les planches d'anatomie
Qui traînent sur ces quais poudreux[1]
Où maint livre cadavéreux[2]
4 Dort comme une antique momie,

Dessins auxquels la gravité
Et le savoir d'un vieil artiste,
Bien que le sujet en soit triste,
8 Ont communiqué la Beauté,

On voit, ce qui rend plus complètes
Ces mystérieuses horreurs,
Bêchant comme des laboureurs,
12 Des Écorchés et des Squelettes.

II

De ce terrain que vous fouillez,
Manants[3] résignés et funèbres,
De tout l'effort de vos vertèbres,
16 Ou de vos muscles dépouillés,

Dites, quelle moisson étrange,
Forçats arrachés au charnier,
Tirez-vous, et de quel fermier
20 Avez-vous à remplir la grange ?

Voulez-vous (d'un destin trop dur
Épouvantable et clair emblème !)
Montrer que dans la fosse même
24 Le sommeil promis n'est pas sûr ;

Qu'envers nous le Néant est traître ;
Que tout, même la Mort, nous ment,
Et que sempiternellement,
28 Hélas ! il nous faudra peut-être

Dans quelque pays inconnu
Écorcher la terre revêche[4]
Et pousser une lourde bêche
32 Sous notre pied sanglant et nu ?

XCV
LE CRÉPUSCULE DU SOIR

Voici le soir charmant, ami du criminel ;
Il vient comme un complice, à pas de loup ; le ciel
Se ferme lentement comme une grande alcôve,
Et l'homme impatient se change en bête fauve.
5 Ô soir, aimable soir, désiré par celui
Dont les bras, sans mentir, peuvent dire : Aujourd'hui
Nous avons travaillé ! — C'est le soir qui soulage
Les esprits que dévore une douleur sauvage,
Le savant obstiné dont le front s'alourdit,
10 Et l'ouvrier courbé qui regagne son lit.
Cependant des démons malsains dans l'atmosphère
S'éveillent lourdement, comme des gens d'affaire,
Et cognent en volant les volets et l'auvent[1].
À travers les lueurs que tourmente le vent
15 La Prostitution s'allume dans les rues ;
Comme une fourmilière elle ouvre ses issues ;
Partout elle se fraye un occulte chemin,
Ainsi que l'ennemi qui tente un coup de main ;
Elle remue au sein de la cité de fange
20 Comme un ver qui dérobe à l'Homme ce qu'il mange.
On entend çà et là les cuisines siffler[2],
Les théâtres glapir[3], les orchestres ronfler ;
Les tables d'hôte, dont le jeu fait les délices,
S'emplissent de catins et d'escrocs, leurs complices,
25 Et les voleurs, qui n'ont ni trêve ni merci,
Vont bientôt commencer leur travail, eux aussi,
Et forcer doucement les portes et les caisses
Pour vivre quelques jours et vêtir leurs maîtresses.

Recueille-toi, mon âme, en ce grave moment,
30 Et ferme ton oreille à ce rugissement.
C'est l'heure où les douleurs des malades s'aigrissent !
La sombre Nuit les prend à la gorge ; ils finissent
Leur destinée et vont vers le gouffre commun ;
L'hôpital se remplit de leurs soupirs. — Plus d'un
35 Ne viendra plus chercher la soupe parfumée,
Au coin du feu, le soir, auprès d'une âme aimée.

Encore la plupart n'ont-ils jamais connu
La douceur du foyer et n'ont jamais vécu !

1. Petit toit en saillie destiné à protéger de la pluie une porte ou une fenêtre.
2. À cause du bruit fait par l'eau en train de bouillir.
3. Crier d'une voix perçante ; allusion aux crieurs (aboyeurs) qui, à l'entrée du théâtre, cherchaient à attirer le public pour les spectacles populaires.

XCVI
LE JEU

1. Adopter des manières affectées pour plaire ; faire preuve d'une amabilité précieuse.

2. Ancienne lampe à double courant d'air, dont le réservoir d'huile est situé à un niveau supérieur à celui de la mèche.

3. Lieu mystérieux, repaire des joueurs.

Dans des fauteuils fanés des courtisanes vieilles,
Pâles, le sourcil peint, l'œil câlin et fatal,
Minaudant[1], et faisant de leurs maigres oreilles
4 Tomber un cliquetis de pierre et de métal ;

Autour des verts tapis des visages sans lèvre,
Des lèvres sans couleur, des mâchoires sans dent,
Et des doigts convulsés d'une infernale fièvre,
8 Fouillant la poche vide ou le sein palpitant ;

Sous de sales plafonds un rang de pâles lustres
Et d'énormes quinquets[2] projetant leurs lueurs
Sur des fronts ténébreux de poètes illustres
12 Qui viennent gaspiller leurs sanglantes sueurs ;

Voilà le noir tableau qu'en un rêve nocturne
Je vis se dérouler sous mon œil clairvoyant.
Moi-même, dans un coin de l'antre[3] taciturne,
16 Je me vis accoudé, froid, muet, enviant,

Enviant de ces gens la passion tenace,
De ces vieilles putains la funèbre gaieté,
Et tous gaillardement trafiquant à ma face,
20 L'un de son vieil honneur, l'autre de sa beauté !

Et mon cœur s'effraya d'envier maint pauvre homme
Courant avec ferveur à l'abîme béant,
Et qui, soûl de son sang, préférerait en somme
24 La douleur à la mort et l'enfer au néant !

XCVII
DANSE MACABRE

1. Statuaire. Ami du poète. Cf. « Le Masque » et le Salon de 1859.

2. Arrangé avec coquetterie.

3. Bande d'étoffe plissée qui orne un corsage.

À Ernest Christophe.[1]

Fière, autant qu'un vivant, de sa noble stature,
Avec son gros bouquet, son mouchoir et ses gants,
Elle a la nonchalance et la désinvolture
4 D'une coquette maigre aux airs extravagants.

Vit-on jamais au bal une taille plus mince ?
Sa robe exagérée, en sa royale ampleur,
S'écroule abondamment sur un pied sec que pince
8 Un soulier pomponné[2], joli comme une fleur.

La ruche[3] qui se joue au bord des clavicules,

Comme un ruisseau lascif[4] qui se frotte au rocher,
Défend pudiquement des lazzi[5] ridicules
12 Les funèbres appas qu'elle tient à cacher.

Ses yeux profonds sont faits de vide et de ténèbres,
Et son crâne, de fleurs artistement coiffé,
Oscille mollement sur ses frêles vertèbres,
16 Ô charme d'un néant follement attifé[6] !

Aucuns[7] t'appelleront une caricature,
Qui ne comprennent pas, amants ivres de chair,
L'élégance sans nom de l'humaine armature.
20 Tu réponds, grand squelette, à mon goût le plus cher !

Viens-tu troubler, avec ta puissante grimace,
La fête de la Vie ? ou quelque vieux désir,
Éperonnant[8] encor ta vivante carcasse,
24 Te pousse-t-il, crédule, au sabbat du Plaisir ?

Au chant des violons, aux flammes des bougies,
Espères-tu chasser ton cauchemar moqueur,
Et viens-tu demander au torrent des orgies
28 De rafraîchir l'enfer allumé dans ton cœur ?

Inépuisable puits de sottise et de fautes !
De l'antique douleur éternel alambic !
À travers le treillis[9] recourbé de tes côtes
32 Je vois, errant encor, l'insatiable aspic[10].

Pour dire vrai, je crains que ta coquetterie
Ne trouve pas un prix digne de ses efforts ;
Qui, de ces cœurs mortels, entend la raillerie ?
36 Les charmes de l'horreur n'enivrent que les forts !

Le gouffre de tes yeux, plein d'horribles pensées,
Exhale le vertige, et les danseurs prudents
Ne contempleront pas sans d'amères nausées
40 Le sourire éternel de tes trente-deux dents.

Pourtant, qui n'a serré dans ses bras un squelette,
Et qui ne s'est nourri des choses du tombeau ?
Qu'importe le parfum, l'habit ou la toilette ?
44 Qui fait le dégoûté montre qu'il se croit beau.

Bayadère[11] sans nez, irrésistible gouge[12],
Dis donc à ces danseurs qui font les offusqués[13] :
« Fiers mignons, malgré l'art des poudres et du rouge,
48 Vous sentez tous la mort ! Ô squelettes musqués[14],

Antinoüs[15] flétris, dandys[16] à face glabre[17],

4. Sensuel.
5. Railleries.
6. Paré.
7. Certains.
8. Excitant.
9. Entrecroisement d'éléments formant claire-voie.
10. Vipère.
11. Danseuse sacrée de l'Inde.
12. Mot ancien : courtisane qui accompagne les armées.
13. Choqués.
14. Parfumés au musc. Pleins d'élégance recherchée.
15. Jeune grec de Bithynie, d'une grande beauté, esclave et favori de l'empereur Hadrien.
16. Homme élégant, raffiné dans sa tenue et ses manières.
17. Imberbe.

18. Séducteurs.
19. Blanchis par l'âge.
20. Fusil court à canon évasé.
21. Folie.

Cadavres vernissés, lovelaces[18] chenus[19],
Le branle universel de la danse macabre
52 Vous entraîne en des lieux qui ne sont pas connus !

Des quais froids de la Seine aux bords brûlants du Gange,
Le troupeau mortel saute et se pâme, sans voir
Dans un trou du plafond la trompette de l'Ange
56 Sinistrement béante ainsi qu'un tromblon[20] noir.

En tout climat, sous tout soleil, la Mort t'admire
En tes contorsions, risible Humanité,
Et souvent, comme toi, se parfumant de myrrhe,
60 Mêle son ironie à ton insanité[21] ! »

XCVIII
L'AMOUR DU MENSONGE

1. Cybèle, déesse de la fécondité, est représentée le front couronné de tours.

Quand je te vois passer, ô ma chère indolente,
Au chant des instruments qui se brise au plafond
Suspendant ton allure harmonieuse et lente,
4 Et promenant l'ennui de ton regard profond ;

Quand je contemple, aux feux du gaz qui le colore,
Ton front pâle, embelli par un morbide attrait,
Où les torches du soir allument une aurore,
8 Et tes yeux attirants comme ceux d'un portrait,

Je me dis : Qu'elle est belle ! et bizarrement fraîche !
Le souvenir massif, royale et lourde tour[1],
La couronne, et son cœur, meurtri comme une pêche,
12 Est mûr, comme son corps, pour le savant amour.

Es-tu le fruit d'automne aux saveurs souveraines ?
Es-tu vase funèbre attendant quelques pleurs,
Parfum qui fait rêver aux oasis lointaines,
16 Oreiller caressant, ou corbeille de fleurs ?

Je sais qu'il est des yeux, des plus mélancoliques,
Qui ne recèlent point de secrets précieux ;
Beaux écrins sans joyaux, médaillons sans reliques,
20 Plus vides, plus profonds que vous-mêmes, ô Cieux !

Mais ne suffit-il pas que tu sois l'apparence,
Pour réjouir un cœur qui fuit la vérité ?
Qu'importe ta bêtise ou ton indifférence ?
24 Masque ou décor, salut ! J'adore ta beauté.

XCIX

Je n'ai pas oublié, voisine de la ville,
Notre blanche maison, petite mais tranquille ;
Sa Pomone[1] de plâtre et sa vieille Vénus
Dans un bosquet chétif cachant leurs membres nus,
5 Et le soleil, le soir, ruisselant et superbe,
Qui, derrière la vitre où se brisait sa gerbe,
Semblait, grand œil ouvert dans le ciel curieux,
Contempler nos dîners longs et silencieux,
Répandant largement ses beaux reflets de cierge
10 Sur la nappe frugale et les rideaux de serge[2].

1. Divinité des fruits et des jardins.
2. Tissu de laine formant des côtes obliques assez fines.

C

La servante au grand cœur dont vous étiez jalouse,
Et qui dort son sommeil sous une humble pelouse,
Nous devrions pourtant lui porter quelques fleurs.
Les morts, les pauvres morts, ont de grandes douleurs,
5 Et quand Octobre souffle, émondeur[1] des vieux arbres,
Son vent mélancolique à l'entour[2] de leurs marbres,
Certe[3], ils doivent trouver les vivants bien ingrats,
À dormir, comme ils font, chaudement dans leurs draps,
Tandis que, dévorés de noires songeries,
10 Sans compagnon de lit, sans bonnes causeries,
Vieux squelettes gelés travaillés par le ver,
Ils sentent s'égoutter les neiges de l'hiver
Et le siècle couler, sans qu'amis ni famille
Remplacent les lambeaux qui pendent à leur grille.

15 Lorsque la bûche siffle et chante, si le soir,
Calme, dans le fauteuil je la voyais s'asseoir,
Si, par une nuit bleue et froide de décembre,
Je la trouvais tapie en un coin de ma chambre,
Grave, et venant du fond de son lit éternel
20 Couver l'enfant grandi de son œil maternel,
Que pourrais-je répondre à cette âme pieuse,
Voyant tomber des pleurs de sa paupière creuse ?

1. Qui débarrasse l'arbre de ses branches mortes.
2. Autour de.
3. Licence pour « certes ».

CI

BRUMES ET PLUIES

Ô fins d'automne, hivers, printemps trempés de boue,
Endormeuses saisons ! je vous aime et vous loue
D'envelopper ainsi mon cœur et mon cerveau
4 D'un linceul vaporeux et d'un vague tombeau.

Dans cette grande plaine où l'autan froid se joue,
Où par les longues nuits la girouette s'enroue,
Mon âme mieux qu'au temps du tiède renouveau
8 Ouvrira largement ses ailes de corbeau.

Rien n'est plus doux au cœur plein de choses funèbres,
Et sur qui dès longtemps descendent les frimas,
11 Ô blafardes saisons, reines de nos climats,

Que l'aspect permanent de vos pâles ténèbres,
— Si ce n'est, par un soir sans lune, deux à deux,
14 D'endormir la douleur sur un lit hasardeux.

CII
RÊVE PARISIEN

1. Dessinateur et aquarelliste français (1802-1892). Baudelaire écrivit un essai à son sujet : *Le Peintre de la vie moderne* (1863).

2. Dans la Bible, grande tour que les fils de Noé voulurent édifier jusqu'au ciel ; la confusion des langues créa un désastre.

À Constantin Guys.[1]

I

De ce terrible paysage,
Tel que jamais mortel n'en vit,
Ce matin encore l'image,
4 Vague et lointaine, me ravit.

Le sommeil est plein de miracles !
Par un caprice singulier,
J'avais banni de ces spectacles
8 Le végétal irrégulier,

Et, peintre fier de mon génie,
Je savourais dans mon tableau
L'enivrante monotonie
12 Du métal, du marbre et de l'eau.

Babel[2] d'escaliers et d'arcades,
C'était un palais infini,
Plein de bassins et de cascades
16 Tombant dans l'or mat ou bruni ;

Et des cataractes pesantes,
Comme des rideaux de cristal,
Se suspendaient, éblouissantes,
20 À des murailles de métal.

Non d'arbres, mais de colonnades
Les étangs dormants s'entouraient,

Où de gigantesques naïades[3],
24 Comme des femmes, se miraient.

Des nappes d'eau s'épanchaient, bleues,
Entre des quais roses et verts,
Pendant des millions de lieues,
28 Vers les confins[4] de l'univers ;

C'étaient des pierres inouïes
Et des flots magiques ; c'étaient
D'immenses glaces éblouies
32 Par tout ce qu'elles reflétaient !

Insouciants et taciturnes,
Des Ganges[5], dans le firmament,
Versaient le trésor de leurs urnes
36 Dans des gouffres de diamant.

Architecte de mes féeries,
Je faisais, à ma volonté,
Sous un tunnel de pierreries
40 Passer un océan dompté ;

Et tout, même la couleur noire,
Semblait fourbi[6], clair, irisé ;
Le liquide enchâssait[7] sa gloire
44 Dans le rayon cristallisé.

Nul astre d'ailleurs, nuls vestiges
De soleil, même au bas du ciel,
Pour illuminer ces prodiges,
48 Qui brillaient d'un feu personnel !

Et sur ces mouvantes merveilles
Planait (terrible nouveauté !
Tout pour l'œil, rien pour les oreilles !)
52 Un silence d'éternité.

II

En rouvrant mes yeux pleins de flamme
J'ai vu l'horreur de mon taudis[8],
Et senti, rentrant dans mon âme,
56 La pointe des soucis maudits ;

3. Divinités des fontaines et des rivières.

4. Limites extrêmes d'un lieu.

5. Équivalents du fleuve sacré de l'Inde.

6. Brillant, bien astiqué.

7. Insérait (métaphore du sertissage : une pierre est mise dans une monture).

8. Logement misérable et mal tenu.

La pendule aux accents funèbres
Sonnait brutalement midi,
Et le ciel versait des ténèbres
60 Sur le triste monde engourdi.

CIII
LE CRÉPUSCULE DU MATIN

1. Batterie de tambour, sonnerie de clairon pour réveiller les soldats à l'aube.
2. En train d'accoucher.

La diane[1] chantait dans les cours des casernes,
Et le vent du matin soufflait sur les lanternes.

C'était l'heure où l'essaim des rêves malfaisants
Tord sur leurs oreillers les bruns adolescents ;
5 Où, comme un œil sanglant qui palpite et qui bouge,
La lampe sur le jour fait une tache rouge ;
Où l'âme, sous le poids du corps revêche et lourd,
Imite les combats de la lampe et du jour.
Comme un visage en pleurs que les brises essuient,
10 L'air est plein du frisson des choses qui s'enfuient,
Et l'homme est las d'écrire et la femme d'aimer.

Les maisons çà et là commençaient à fumer.
Les femmes de plaisir, la paupière livide,
Bouche ouverte, dormaient de leur sommeil stupide ;
15 Les pauvresses, traînant leurs seins maigres et froids,
Soufflaient sur leurs tisons et soufflaient sur leurs doigts.
C'était l'heure où parmi le froid et la lésine
S'aggravent les douleurs des femmes en gésine[2] ;
Comme un sanglot coupé par un sang écumeux
20 Le chant du coq au loin déchirait l'air brumeux ;
Une mer de brouillards baignait les édifices,
Et les agonisants dans le fond des hospices
Poussaient leur dernier râle en hoquets inégaux.
Les débauchés rentraient, brisés par leurs travaux.

25 L'aurore grelottante en robe rose et verte
S'avançait lentement sur la Seine déserte,
Et le sombre Paris, en se frottant les yeux,
Empoignait ses outils, vieillard laborieux.

Tableaux parisiens

La section des "Tableaux parisiens" a un lien organique avec la section "Spleen et Idéal" ; elle en complète, approfondit et éclaire certains aspects. Les thèmes de la création artistique, de l'amour, de la mort et du spleen y sont naturellement abordés.

■ Le spleen se retrouve dans la tonalité des décors représentés, mais aussi dans l'humeur découragée du poète et son dégoût de soi, lorsqu'il envie les joueurs qui connaissent "l'enfer" préférable à son "néant" ("Le Jeu", v. 24, p. 123). Bien que voyant, le poète semble avoir moins de repères que les aveugles ; il se considère comme plus "hébété" que les aveugles qui lèvent encore le regard vers le ciel, dans l'attente probable de quelque chose, alors que le poète n'espère plus rien ("Les Aveugles", v. 13-14, p. 120). Se sentant étranger dans le Paris transformé qu'il refuse, le poète se réfugie dans l'évocation du passé auquel sa "mémoire" reste fidèle avec nostalgie :

"[...] mes chers souvenirs sont plus lourds que des rocs.
[...]
Ainsi dans la forêt où mon esprit s'exile
Un vieux Souvenir sonne à plein souffle du cor !"
("Le Cygne" II, v. 32, 49-50, p. 113.)

Le rappel aigre-doux du passé, les mélancoliques réminiscences appartiennent au paysage introspectif du spleen :

"J'ai plus de souvenirs que si j'avais mille ans."
("Spleen" LXXVI, v. 1, p. 98.)

"[...]
Les souvenirs lointains lentement s'élever
Au bruit des carillons qui chantent dans la brume."
("La Cloche fêlée", v. 3-4, p. 94.)

Paris est également l'espace de la création artistique :

"[...] pour composer chastement mes églogues"
("Paysage", v. 1, p. 109) ;

"Flairant dans tous les coins les hasards de la rime,
[...]
Heurtant parfois des vers depuis longtemps rêvés."
("Le Soleil", v. 6, 8, p. 109.)

■ La ville permet au poète de mettre en œuvre une des spécificités de son talent, développée dans les "Correspondances" (p. 21), où l'on apprend que la Nature recèle des secrets, que "l'homme [...] passe à travers des forêts de symboles" (v. 3) qu'il est le seul à pouvoir déchiffrer. La compétence du poète fait de lui un décodeur d'énigmes, un décrypteur des apparences, de ce que renferment les "choses muettes" ("Élévation", v. 20, p. 18). Dans "les plis sinueux" de Paris, le poète observe et interprète, il traque l'insolite, l'irrationnel. Le décor parisien est abondamment pourvu de mystères déstabilisateurs, qui font de la raison une "gabarre/Sans mâts", mystères vitaux, puisqu'ils "coulent comme des sèves" ("Les Sept Vieillards", v. 3, 51-52, p. 116) ; Baudelaire cherche le sens des choses et il y voit "Un symbole d'un goût bizarre et captivant" ("Les Petites Vieilles", v. 24, p. 118). Dans Paris, tout fait signe au poète et, en traduisant en langage clair le système de signes inclus dans la grande ville, il est en accord avec la conception de la poésie comme expression de l'"universelle analogie".

■ La représentation de l'amour est en conformité avec celle de "Spleen et Idéal". L'amour est impossible ou illusoire : "trop tard !" ("À une passante", v. 12, p. 120) ; "Qu'importe ta bêtise ou ton indifférence ?/ Masque ou décor, salut ! J'adore ta beauté" ("L'Amour du mensonge", v. 23-24, p. 125) ; ces vers peuvent être rapprochés de "Semper eadem". De même, la hantise de la mort présente dans "Une gravure fantastique" se prolonge dans "Le Squelette laboureur", "Danse macabre" et le poème "C", et ouvre la voie à la section consacrée à "La Mort". L'évocation comparative de la dimension des bières d'enfants et de vieilles femmes ("Les Petites Vieilles", v. 21-22, p. 118), rapproche le "berceau" du cercueil, et met en évidence la finitude de la dérisoire condition humaine :

"En tout climat, sous tout soleil, la Mort t'admire
En tes contorsions, risible Humanité"
("Danse macabre", v. 57-58, p. 123.)

■ Cette section confirme l'importance de la dualité comme structure baudelairienne et en propose une sorte d'abrégé. Dans le "Rêve parisien", p. 127, l'idéal recréé laisse la place à un décor spleenétique. Paris offre de surprenantes contradictions, c'est la "patrie" des oxymores ; on y découvre la beauté cotoyant la noirceur du "crépuscule du matin" et du "crépuscule du soir", la monstruosité de la folie ("Les Sept Vieillards"), la laideur associée à l'innocence des "yeux divins de la petite fille" ("Les Petites Vieilles", v. 19). Tous ces éléments corroborent l'existence de relations profondes entre les sections qui se répondent et font du recueil entier un poème symphonique.

LE VIN

CIV
L'ÂME DU VIN

Un soir, l'âme du vin chantait dans les bouteilles :
« Homme, vers toi je pousse, ô cher déshérité,
Sous ma prison de verre et mes cires vermeilles,
4 Un chant plein de lumière et de fraternité !

Je sais combien il faut, sur la colline en flamme,
De peine, de sueur et de soleil cuisant
Pour engendrer ma vie et pour me donner l'âme ;
8 Mais je ne serai point ingrat ni malfaisant,

Car j'éprouve une joie immense quand je tombe
Dans le gosier d'un homme usé par ses travaux,
Et sa chaude poitrine est une douce tombe
12 Où je me plais bien mieux que dans mes froids caveaux.

Entends-tu retentir les refrains des dimanches
Et l'espoir qui gazouille en mon sein palpitant ?
Les coudes sur la table et retroussant tes manches,
16 Tu me glorifieras et tu seras content ;

J'allumerai les yeux de ta femme ravie ;
À ton fils je rendrai sa force et ses couleurs
Et serai pour ce frêle athlète de la vie
20 L'huile qui raffermit les muscles des lutteurs.

En toi je tomberai, végétale ambroisie,
Grain précieux jeté par l'éternel Semeur,
Pour que de notre amour naisse la poésie
24 Qui jaillira vers Dieu comme une rare fleur ! »

CV
LE VIN DES CHIFFONNIERS

Souvent, à la clarté rouge d'un réverbère
Dont le vent bat la flamme et tourmente le verre,
Au cœur d'un vieux faubourg, labyrinthe fangeux
4 Où l'humanité grouille en ferments orageux[1],

On voit un chiffonnier qui vient, hochant la tête,
Butant, et se cognant aux murs comme un poète,
Et, sans prendre souci des mouchards[2], ses sujets,
8 Épanche tout son cœur en glorieux projets.

1. Quartiers favorables à l'éclosion des troubles révolutionnaires (1848).

2. Espions, indicateurs de police dont le chiffonnier ivre s'imagine être le roi.

3. Brisés de fatigue.

4. Tonneaux.

5. Fleuve qui roulait de l'or dans l'ancienne Lydie. En relation avec les personnages légendaires de Midas et de Crésus.

Il prête des serments, dicte des lois sublimes,
Terrasse les méchants, relève les victimes,
Et sous le firmament comme un dais suspendu
12 S'enivre des splendeurs de sa propre vertu.

Oui, ces gens harcelés de chagrins de ménage,
Moulus[3] par le travail et tourmentés par l'âge,
Éreintés et pliant sous un tas de débris,
16 Vomissement confus de l'énorme Paris,

Reviennent, parfumés d'une odeur de futailles[4],
Suivis de compagnons, blanchis dans les batailles,
Dont la moustache pend comme les vieux drapeaux.
20 Les bannières, les fleurs et les arcs triomphaux

Se dressent devant eux, solennelle magie !
Et dans l'étourdissante et lumineuse orgie
Des clairons, du soleil, des cris et du tambour,
24 Ils apportent la gloire au peuple ivre d'amour !

C'est ainsi qu'à travers l'Humanité frivole
Le vin roule de l'or, éblouissant Pactole[5] ;
Par le gosier de l'homme il chante ses exploits
28 Et règne par ses dons ainsi que les vrais rois.

Pour noyer la rancœur et bercer l'indolence
De tous ces vieux maudits qui meurent en silence,
Dieu, touché de remords, avait fait le sommeil ;
32 L'Homme ajouta le Vin, fils sacré du Soleil !

CVI
LE VIN DE L'ASSASSIN

1. Autant que je veux.

Ma femme est morte, je suis libre !
Je puis donc boire tout mon soûl[1].
Lorsque je rentrais sans un sou,
4 Ses cris me déchiraient la fibre.

Autant qu'un roi je suis heureux ;
L'air est pur, le ciel admirable...
Nous avions un été semblable
8 Lorsque j'en devins amoureux !

L'horrible soif qui me déchire
Aurait besoin pour s'assouvir
D'autant de vin qu'en peut tenir
12 Son tombeau ; — ce n'est pas peu dire :

Je l'ai jetée au fond d'un puits,
Et j'ai même poussé sur elle
Tous les pavés de la margelle².
16 — Je l'oublierai si je le puis !

Au nom des serments de tendresse,
Dont rien ne peut nous délier,
Et pour nous réconcilier
20 Comme au beau temps de notre ivresse,

J'implorai d'elle un rendez-vous,
Le soir, sur une route obscure.
Elle y vint ! — folle créature !
24 Nous sommes tous plus ou moins fous !

Elle était encore jolie,
Quoique bien fatiguée ! et moi,
Je l'aimais trop ! voilà pourquoi
28 Je lui dis : Sors de cette vie !

Nul ne peut me comprendre. Un seul
Parmi ces ivrognes stupides
Songea-t-il dans ses nuits morbides
32 À faire du vin un linceul ?

Cette crapule invulnérable
Comme les machines de fer
Jamais, ni l'été ni l'hiver,
36 N'a connu l'amour véritable,

Avec ses noirs enchantements³,
Son cortège infernal⁴ d'alarmes,
Ses fioles de poison, ses larmes,
40 Ses bruits de chaîne et d'ossements !

— Me voilà libre et solitaire !
Je serai ce soir ivre mort ;
Alors, sans peur et sans remord,
44 Je me coucherai sur la terre,

Et je dormirai comme un chien !
Le chariot aux lourdes roues
Chargé de pierres et de boues,
48 Le wagon enragé peut bien

Écraser ma tête coupable
Ou me couper par le milieu,
Je m'en moque comme de Dieu,
52 Du Diable ou de la Sainte Table⁵ !

2. Assise de pierre formant le rebord d'un puits.
3. Magie marquée par le mal.
4. C'est-à-dire démoniaque.
5. Terme de liturgie : pierre sacrée sur laquelle est posée le calice pendant la messe.

CVII
LE VIN DU SOLITAIRE

1. Qui prive de nerf ;
qui diminue les forces ;
qui alanguit.
2. Assoiffé.
3. Pauvreté.

Le regard singulier d'une femme galante
Qui se glisse vers nous comme le rayon blanc
Que la lune onduleuse envoie au lac tremblant,
4 Quand elle y veut baigner sa beauté nonchalante ;

Le dernier sac d'écus dans les doigts d'un joueur ;
Un baiser libertin de la maigre Adeline ;
Les sons d'une musique énervante[1] et câline,
8 Semblable au cri lointain de l'humaine douleur,

Tout cela ne vaut pas, ô bouteille profonde,
Les baumes pénétrants que ta panse féconde
11 Garde au cœur altéré[2] du poète pieux ;

Tu lui verses l'espoir, la jeunesse et la vie,
— Et l'orgueil, ce trésor de toute gueuserie[3],
14 Qui nous rend triomphants et semblables aux Dieux !

CVIII
LE VIN DES AMANTS

1. Levier qui passe
dans la bouche du che-
val, et le freine.
2. Pièce du harnais
fixée à la tête du cheval
pour le conduire.
3. « Espèce de délire
furieux auquel les navi-
gateurs sont sujets sous
la zone torride » (définition du *Littré*).

Aujourd'hui l'espace est splendide !
Sans mors[1], sans éperons, sans bride[2],
Partons à cheval sur le vin
4 Pour un ciel féerique et divin !

Comme deux anges que torture
Une implacable calenture[3],
Dans le bleu cristal du matin
8 Suivons le mirage lointain !

Mollement balancés sur l'aile
Du tourbillon intelligent,
11 Dans un délire parallèle,

Ma sœur, côte à côte nageant,
Nous fuirons sans repos ni trêves
14 Vers le paradis de mes rêves !

Le vin

■ La section "Le Vin" est un "condensé" des thèmes présents dans la section "Spleen et Idéal". Cet ensemble reprend la même structure trilogique concernant l'art, l'amour et les angoisses attachées au destin de l'homme. Après des tentatives infructueuses dans d'autres domaines, le poète propose le vin comme un éventuel remède aux déceptions, au sentiment de manque. Mais cette section n'est pas juxtaposée aux autres sections, elle est dotée d'une justification interne au recueil : le discours sur le pouvoir du vin était déjà présent dans la section "Spleen et Idéal" et il va se prolonger dans la section suivante, "Fleurs du mal". Un réseau est ainsi formé prouvant l'unité du recueil.

– Dans "Le Poison", le vin

"[...] sait revêtir le plus sordide bouge
      d'un luxe miraculeux" (v. 1-2, p. 68).

– Le vin et la passion sont associés :

"Quand l'eau de ta bouche remonte
      Au bord de tes dents,

Je crois boire un vin de Bohême,
      Amer et vainqueur,
Un ciel liquide qui parsème
      D'étoiles mon cœur !"
      ("Le Serpent qui danse", v. 31-36, p. 44).

– Dans "L'Irréparable", pour tuer le "Remords", le poète formule la question suivante :

"Dans quel philtre, dans quel vin, dans quelle tisane,
      Noierons-nous ce vieil ennemi [...]" (v. 6-7, p. 77) ;

cela rejoint un vers des "Femmes damnées" : "Ô Bacchus, endormeur des remords anciens !" (v. 16, p. 140) et "La Fontaine de sang" :

    "J'ai demandé souvent à des vins captieux
    D'endormir pour un jour la terreur qui me mine ;
    Le vin rend l'œil plus clair et l'oreille plus fine !"
    (v. 9-11, p.141).

■ Le vin a des propriétés poétiques au sens où il permet de créer un univers. Dans son ivresse, le chiffonnier est comparé au poète, il refait le monde sur un mode utopique : "glorieux projets", "lois sublimes" ("Le

Vin des chiffonniers", v. 6, 8, 9, p. 132). Dans "L'Âme du vin", le vin fait entendre "un chant plein de lumière et de fraternité !" ; il est assimilé à une "végétale ambroisie", "Pour que [...] naisse la poésie/Qui jaillira vers Dieu comme une rare fleur !" (v. 4, 21, 23-24, p. 132). L'allusion à la substance olympienne rappelle "Bénédiction" où l'ambroisie est associée au poète/enfant. De plus, le vin est désigné comme "fils sacré du Soleil" ("Le Vin des chiffonniers", v. 32, p. 133) ; or le soleil est lié à la création poétique puisqu'il "Éveille dans les champs les vers comme les roses" et "ainsi qu'un poète", "il ennoblit le sort des choses les plus viles" ("Tableaux parisiens", "Le Soleil", v. 10, 17, 18, p. 110). Dans "Le Vin du solitaire", le vin est comparé à d'autres satisfactions et il leur est supérieur :

> "Tout cela ne vaut pas, ô bouteille profonde,
> Les baumes pénétrants que ta panse féconde
> Garde au cœur altéré du poète pieux" (v. 9, p. 135).

Cette dernière formule évoque encore "Bénédiction" où "Le Poète serein lève ses bras pieux" (v. 54, p. 17).

■ Le vin n'échappe pas à la bipolarisation : il est bénéfique, mais il peut aussi être satanique. Dans "Le Vin de l'assassin", le vin est "un linceul" et il détruit le sens moral par "ses noirs enchantements" (v. 32, 37). En règle générale, le vin est bienfaisant, il favorise l'exaltation des amants, il leur ouvre le "paradis" des "rêves" :

> "Partons à cheval sur le vin
> Pour un ciel féerique et divin !"
> ("Le Vin des amants", v. 3-4, p. 135).

■ Le vin est une sorte de paradis artificiel, il délivre les pauvres, les malheureux, de leurs soucis, il soulage leurs douleurs, il les console, leur rend l'espoir et les fortifie ("L'Âme du vin", v. 17, 18, 19, 20 ; "Le Vin du Solitaire", v. 12, 14). Le vin est un magicien généreux, il "roule de l'or, éblouissant Pactole" ("Le Vin des chiffonniers", v. 26). Cette allusion au fleuve mythologique fait écho au roi Midas de l'"Alchimie de la douleur", v. 7). Le vin est également un "baume" ("Le Vin du solitaire", v. 10), comme, dans "Spleen et Idéal", "La Pipe" est associée à un "puissant dictame" (v. 12, p. 91) qui "charme" et "guérit". Dans "Tout entière", chez la femme "tout est dictame", apaisement (v. 11, p. 61). Tous ces rapprochements prouvent à quel point il est difficile d'envisager le déroulement de chaque section indépendamment de l'ensemble du recueil.

FLEURS DU MAL

CIX
LA DESTRUCTION

Sans cesse à mes côtés s'agite le Démon ;
Il nage autour de moi comme un air impalpable ;
Je l'avale et le sens qui brûle mon poumon
4 Et l'emplit d'un désir éternel et coupable.

Parfois il prend, sachant mon grand amour de l'Art,
La forme de la plus séduisante des femmes,
Et, sous de spécieux[1] prétextes de cafard[2],
8 Accoutume ma lèvre à des philtres infâmes.

Il me conduit ainsi, loin du regard de Dieu,
Haletant[3] et brisé de fatigue, au milieu
11 Des plaines de l'Ennui, profondes et désertes,

Et jette dans mes yeux pleins de confusion
Des vêtements souillés, des blessures ouvertes,
14 Et l'appareil sanglant de la Destruction !

1. Qui n'a que l'apparence de la vérité et peut induire en erreur.
2. Hypocrite.
3. À bout de souffle.

CX
UNE MARTYRE

DESSIN D'UN MAÎTRE INCONNU

Au milieu des flacons, des étoffes lamées
    Et des meubles voluptueux,
Des marbres, des tableaux, des robes parfumées
4   Qui traînent à plis somptueux,

Dans une chambre tiède où, comme en une serre,
    L'air est dangereux et fatal,
Où des bouquets mourants dans leurs cercueils de verre
8   Exhalent leur soupir final,

Un cadavre sans tête épanche, comme un fleuve,
    Sur l'oreiller désaltéré
Un sang rouge et vivant, dont la toile s'abreuve
12   Avec l'avidité d'un pré.

Semblable aux visions pâles qu'enfante l'ombre
    Et qui nous enchaînent les yeux,
La tête, avec l'amas de sa crinière sombre
16   Et de ses bijoux précieux,

1. Plante herbacée à
fleurs jaunes (bouton
d'or) ou blanches.
2. Lance.
3. Leste, souple.
4. Inspiré par le désir
de se venger.

Sur la table de nuit, comme une renoncule[1],
 Repose ; et, vide de pensers,
Un regard vague et blanc comme le crépuscule
20 S'échappe des yeux révulsés.

Sur le lit, le tronc nu sans scrupules étale
 Dans le plus complet abandon
La secrète splendeur et la beauté fatale
24 Dont la nature lui fit don ;

Un bas rosâtre, orné de coins d'or, à la jambe,
 Comme un souvenir est resté ;
La jarretière, ainsi qu'un œil secret qui flambe,
28 Darde[2] un regard diamanté.

Le singulier aspect de cette solitude
 Et d'un grand portrait langoureux,
Aux yeux provocateurs comme son attitude,
32 Révèle un amour ténébreux,

Une coupable joie et des fêtes étranges
 Pleines de baisers infernaux,
Dont se réjouissait l'essaim des mauvais anges
36 Nageant dans les plis des rideaux ;

Et cependant, à voir la maigreur élégante
 De l'épaule au contour heurté,
La hanche un peu pointue et la taille fringante[3]
40 Ainsi qu'un reptile irrité,

Elle est bien jeune encor ! — Son âme exaspérée
 Et ses sens par l'ennui mordus
S'étaient-ils entr'ouverts à la meute altérée
44 Des désirs errants et perdus ?

L'homme vindicatif[4] que tu n'as pu, vivante,
 Malgré tant d'amour, assouvir,
Combla-t-il sur ta chair inerte et complaisante
48 L'immensité de son désir ?

Réponds, cadavre impur ! et par tes tresses roides
 Te soulevant d'un bras fiévreux,
Dis-moi, tête effrayante, a-t-il sur tes dents froides
52 Collé les suprêmes adieux ?

— Loin du monde railleur, loin de la foule impure,
 Loin des magistrats curieux,
Dors en paix, dors en paix, étrange créature,
56 Dans ton tombeau mystérieux ;

Ton époux court le monde, et ta forme immortelle
    Veille près de lui quand il dort ;
Autant que toi sans doute il te sera fidèle,
60   Et constant jusques à la mort.

CXI

FEMMES DAMNÉES

Comme un bétail pensif sur le sable couchées,
Elles tournent leurs yeux vers l'horizon des mers,
Et leurs pieds se cherchent et leurs mains rapprochées
4 Ont de douces langueurs et des frissons amers.

Les unes, cœurs épris des longues confidences,
Dans le fond des bosquets[1] où jasent les ruisseaux,
Vont épelant[2] l'amour des craintives enfances
8 Et creusent le bois vert des jeunes arbrisseaux ;

D'autres, comme des sœurs, marchent lentes et graves
À travers les rochers pleins d'apparitions,
Où saint Antoine a vu surgir comme des laves
12 Les seins nus et pourprés de ses tentations ;

Il en est, aux lueurs des résines croulantes,
Qui dans le creux muet des vieux antres païens
T'appellent au secours de leurs fièvres hurlantes,
16 Ô Bacchus[3], endormeur des remords anciens !

Et d'autres, dont la gorge aime les scapulaires[4],
Qui, recélant[5] un fouet sous leurs longs vêtements,
Mêlent, dans le bois sombre et les nuits solitaires,
20 L'écume du plaisir aux larmes des tourments.

Ô vierges, ô démons, ô monstres, ô martyres,
De la réalité grands esprits contempteurs[6],
Chercheuses d'infini, dévotes et satyres,
24 Tantôt pleines de cris, tantôt pleines de pleurs,

Vous que dans votre enfer mon âme a poursuivies,
Pauvres sœurs, je vous aime autant que je vous plains,
Pour vos mornes douleurs, vos soifs inassouvies,
28 Et les urnes d'amour dont vos grands cœurs sont pleins !

1. Petit groupe d'arbres ou d'arbustes.

2. Acquérant les premières notions de l'amour.

3. Divinité du vin.

4. Objets de dévotion : morceaux d'étoffe bénits, au port desquels sont attachés des privilèges spirituels.

5. Cachant.

6. Qui méprisent.

CXII

LES DEUX BONNES SŒURS

1. Généreux.

2. Haillons.

3. Le verbe *renter* est une expression vieillie qui signifie « doter d'une rente ».

4. Maisons de prostitution.

5. Allées de charmes, voûtes de feuillage.

6. Cercueil.

7. Partie la plus intime de la chambre.

8. Arbustes considérés comme le symbole de l'amour.

9. Conifères souvent associés à l'idée de la mort et aux cimetières.

La Débauche et la Mort sont deux aimables filles,
Prodigues[1] de baisers et riches de santé,
Dont le flanc toujours vierge et drapé de guenilles[2]
4 Sous l'éternel labeur n'a jamais enfanté.

Au poète sinistre, ennemi des familles,
Favori de l'enfer, courtisan mal renté[3],
Tombeaux et lupanars[4] montrent sous leurs charmilles[5]
8 Un lit que le remords n'a jamais fréquenté.

Et la bière[6] et l'alcôve[7] en blasphèmes fécondes
Nous offrent tour à tour, comme deux bonnes sœurs,
11 De terribles plaisirs et d'affreuses douceurs.

Quand veux-tu m'enterrer, Débauche aux bras
[immondes ?
Ô Mort, quand viendras-tu, sa rivale en attraits,
14 Sur ses myrtes[8] infects enter tes noirs cyprès[9] ?

CXIII

LA FONTAINE DE SANG

1. Trompeurs.

2. La Débauche et la Mort (*cf.* le poème précédent).

Il me semble parfois que mon sang coule à flots,
Ainsi qu'une fontaine aux rythmiques sanglots.
Je l'entends bien qui coule avec un long murmure,
4 Mais je me tâte en vain pour trouver la blessure.

À travers la cité, comme dans un champ clos,
Il s'en va, transformant les pavés en îlots,
Désaltérant la soif de chaque créature,
8 Et partout colorant en rouge la nature.

J'ai demandé souvent à des vins captieux[1]
D'endormir pour un jour la terreur qui me mine ;
11 Le vin rend l'œil plus clair et l'oreille plus fine !

J'ai cherché dans l'amour un sommeil oublieux ;
Mais l'amour n'est pour moi qu'un matelas d'aiguilles
14 Fait pour donner à boire à ces cruelles filles[2] !

CXIV
ALLÉGORIE [1]

C'est une femme belle et de riche encolure[2],
Qui laisse dans son vin traîner sa chevelure.
Les griffes de l'amour, les poisons du tripot[3],
Tout glisse et tout s'émousse au granit de sa peau.
5 Elle rit à la Mort et nargue la Débauche,
Ces monstres dont la main, qui toujours gratte et fauche,
Dans ses jeux destructeurs a pourtant respecté
De ce corps ferme et droit la rude majesté.
Elle marche en déesse et repose en sultane ;
10 Elle a dans le plaisir la foi mahométane,
Et dans ses bras ouverts, que remplissent ses seins,
Elle appelle des yeux la race des humains.
Elle croit, elle sait, cette vierge inféconde
Et pourtant nécessaire à la marche du monde,
15 Que la beauté du corps est un sublime don
Qui de toute infamie arrache le pardon.
Elle ignore l'Enfer comme le Purgatoire,
Et quand l'heure viendra d'entrer dans la Nuit noire,
Elle regardera la face de la Mort,
20 Ainsi qu'un nouveau-né, — sans haine et sans remords.

1. De la prostitution.
2. Tournure, manière d'être.
3. Terme péjoratif désignant une maison de jeu, un endroit mal fréquenté.

CXV
LA BÉATRICE[1]

Dans des terrains cendreux, calcinés, sans verdure,
Comme je me plaignais un jour à la nature,
Et que de ma pensée, en vaguant au hasard,
J'aiguisais lentement sur mon cœur le poignard,
5 Je vis en plein midi descendre sur ma tête
Un nuage funèbre et gros d'une tempête,
Qui portait un troupeau de démons vicieux,
Semblables à des nains cruels et curieux.
À me considérer froidement ils se mirent,
10 Et, comme des passants sur un fou qu'ils admirent,
Je les entendis rire et chuchoter entre eux,
En échangeant maint signe et maint clignement d'yeux :

— « Contemplons à loisir cette caricature
Et cette ombre d'Hamlet imitant sa posture,
15 Le regard indécis et les cheveux au vent.
N'est-ce pas grand'pitié de voir ce bon vivant,
Ce gueux, cet histrion[2] en vacances, ce drôle,

1. Allusion à Dante. Désigne la femme dans sa fonction d'inspiratrice du poète.
2. Mauvais acteur, interprète d'un répertoire médiocre.

3. Au sens ancien de « ruses »

4. Terme ironique.

Parce qu'il sait jouer artistement son rôle,
Vouloir intéresser au chant de ses douleurs
20 Les aigles, les grillons, les ruisseaux et les fleurs,
Et même à nous, auteurs de ces vieilles rubriques[3],
Réciter en hurlant ses tirades publiques ? »

J'aurais pu (mon orgueil aussi haut que les monts
Domine la nuée et le cri des démons)
25 Détourner simplement ma tête souveraine[4],
Si je n'eusse pas vu parmi leur troupe obscène,
Crime qui n'a pas fait chanceler le soleil !
La reine de mon cœur au regard nonpareil,
Qui riait avec eux de ma sombre détresse
30 Et leur versait parfois quelque sale caresse.

CXVI
UN VOYAGE À CYTHÈRE

1. Ile grecque du sud du Péloponnèse, consacrée à Aphrodite/ Vénus qui y aurait abordé après être née au sein des flots.

2. Pays de l'or ; terre chimérique où l'on trouve les richesses à foison.

3. Gros pigeon sauvage.

4. Le paysage est boisé, ombragé.

Mon cœur, comme un oiseau, voltigeait tout joyeux
Et planait librement à l'entour des cordages ;
Le navire roulait sous un ciel sans nuages,
4 Comme un ange enivré d'un soleil radieux.

Quelle est cette île triste et noire ? — C'est Cythère[1],
Nous dit-on, un pays fameux dans les chansons,
Eldorado[2] banal de tous les vieux garçons.
8 Regardez, après tout, c'est une pauvre terre.

— Île des doux secrets et des fêtes du cœur !
De l'antique Vénus le superbe fantôme
Au-dessus de tes mers plane comme un arôme,
12 Et charge les esprits d'amour et de langueur.

Belle île aux myrtes verts, pleine de fleurs écloses,
Vénérée à jamais par toute nation,
Où les soupirs des cœurs en adoration
16 Roulent comme l'encens sur un jardin de roses

Ou le roucoulement éternel d'un ramier [3] !
— Cythère n'était plus qu'un terrain des plus maigres,
Un désert rocailleux troublé par des cris aigres.
20 J'entrevoyais pourtant un objet singulier !

Ce n'était pas un temple aux ombres bocagères[4],
Où la jeune prêtresse, amoureuse des fleurs,
Allait, le corps brûlé de secrètes chaleurs,
24 Entre-bâillant sa robe aux brises passagères ;

143

Mais voilà qu'en rasant la côte d'assez près
Pour troubler les oiseaux avec nos voiles blanches,
Nous vîmes que c'était un gibet[5] à trois branches,
28 Du ciel se détachant en noir, comme un cyprès.

De féroces oiseaux perchés sur leur pâture[6]
Détruisaient avec rage un pendu déjà mûr,
Chacun plantant, comme un outil, son bec impur
32 Dans tous les coins saignants de cette pourriture ;

Les yeux étaient deux trous, et du ventre effondré
Les intestins pesants lui coulaient sur les cuisses,
Et ses bourreaux, gorgés de hideuses délices,
36 L'avaient à coups de bec absolument châtré.

Sous les pieds, un troupeau de jaloux quadrupèdes,
Le museau relevé, tournoyait et rôdait ;
Une plus grande bête au milieu s'agitait
40 Comme un exécuteur entouré de ses aides.

Habitant de Cythère, enfant d'un ciel si beau,
Silencieusement tu souffrais ces insultes
En expiation de tes infâmes cultes
44 Et des péchés qui t'ont interdit le tombeau.

Ridicule pendu, tes douleurs sont les miennes !
Je sentis, à l'aspect de tes membres flottants,
Comme un vomissement, remonter vers mes dents
48 Le long fleuve de fiel des douleurs anciennes ;

Devant toi, pauvre diable au souvenir si cher,
J'ai senti tous les becs et toutes les mâchoires
Des corbeaux lancinants et des panthères noires
52 Qui jadis aimaient tant à triturer ma chair.

— Le ciel était charmant, la mer était unie ;
Pour moi tout était noir et sanglant désormais,
Hélas ! et j'avais, comme en un suaire épais,
56 Le cœur enseveli dans cette allégorie.

Dans ton île, ô Vénus ! je n'ai trouvé debout
Qu'un gibet symbolique où pendait mon image...
— Ah ! Seigneur ! donnez-moi la force et le courage
60 De contempler mon cœur et mon corps sans dégoût !

5. Potence.

6. Nourriture des animaux.

"Un voyage à Cythère"

Ce poème, inspiré par quelques lignes d'un récit de voyage de Nerval, est une évocation décourageante d'un espace traditionnellement envisagé comme le sanctuaire de l'amour.

Pour rédiger un commentaire composé de ce texte, il faut mettre en évidence le système d'oppositions et la démarche allégorique qui donnent son sens au texte :

a - Caractérisez les verbes d'action du début du poème.

b - En quoi la présentation initiale du décor est-elle euphorisante ?

c - Montrez que la description et ses procédés (champs lexicaux, sonorités) sont structurés par une antithèse entre le rêve (utopie, clichés, réputation, légendes, parfums, couleurs, végétaux, présence musicale des oiseaux, évocations sacralisées en relation avec le culte de Vénus) et la désolante réalité actuelle d'un paysage aux composantes dysphoriques (aridité, tournures restrictives, absence d'agréments sensoriels), destiné à servir de cadre à un fantastique macabre dont le caractère hyperbolique et la composition picturale (premier plan, arrière-plan, plan général, plan rapproché, contrastes) sont à préciser.

d - Mettez en évidence les oppositions entre les "ramiers" et les rapaces et les charognards (désignation, action, état affectif), entre le "myrte" et le "cyprès", entre l'amour et la mort ; quelle est la signification de ces parallélismes ?

e - Quel est l'effet produit par l'insistance sur le dépeçage du pendu ?

f - Que suggère la rime "beau"/"tombeau" ? Quelle pourrait être la faute impliquée dans les mots "expiation" et "péchés" ?

g - Relevez tous les procédés traduisant l'identification du poète au pendu.

h - En quoi ce voyage se présente-t-il comme une initiation à la véritable nature de l'amour ? Montrez que l'amour est conçu comme un calvaire (champ lexical de la mort, connotations religieuses de la fin du texte).

i - Les aspects symboliques du poème (v. 56, 58). Analysez le fait que l'amour apparaît comme une religion qui détruit et décompose ses fidèles, le rachat résultant d'une acceptation du supplice.

j - En quoi ce poème est-il une "fleur du mal" ? Comment l'art permet-il de transcender les noirceurs, les impuretés de l'existence ?

CXVII

L'AMOUR ET LE CRÂNE

VIEUX CUL-DE-LAMPE

L'Amour est assis sur le crâne
De l'Humanité,
Et sur ce trône le profane,
4 Au rire effronté,

Souffle gaiement des bulles rondes
Qui montent dans l'air,
Comme pour rejoindre les mondes
8 Au fond de l'éther.

Le globe lumineux et frêle
Prend un grand essor,
Crève et crache son âme grêle
12 Comme un songe d'or.

J'entends le crâne à chaque bulle
Prier et gémir :
— « Ce jeu féroce et ridicule,
16 Quand doit-il finir ?

Car ce que ta bouche cruelle
Éparpille en l'air,
Monstre assassin, c'est ma cervelle,
20 Mon sang et ma chair ! »

CXVIII
LE RENIEMENT DE SAINT PIERRE

1. Sentence qui rejette hors de l'Église un hérétique ou un ennemi de la foi.

2. Esprit céleste de la première hiérarchie des anges.

3. Dieu est comparé aux Baals.

Qu'est-ce que Dieu fait donc de ce flot d'anathèmes[1]
Qui monte tous les jours vers ses chers Séraphins[2] ?
Comme un tyran gorgé de viande et de vins[3],
4 Il s'endort au doux bruit de nos affreux blasphèmes.

Les sanglots des martyrs et des suppliciés
Sont une symphonie enivrante sans doute,
Puisque, malgré le sang que leur volupté coûte,
8 Les cieux ne s'en sont point encor rassasiés !

— Ah ! Jésus, souviens-toi du Jardin des Olives !
Dans ta simplicité tu priais à genoux
Celui qui dans son ciel riait au bruit des clous
12 Que d'ignobles bourreaux plantaient dans tes chairs
[vives,

Lorsque tu vis cracher sur ta divinité
La crapule du corps de garde et des cuisines,
Et lorsque tu sentis s'enfoncer les épines
16 Dans ton crâne où vivait l'immense Humanité ;

Quand de ton corps brisé la pesanteur horrible
Allongeait tes deux bras distendus, que ton sang
Et ta sueur coulaient de ton front pâlissant,
20 Quand tu fus devant tous posé comme une cible,

Rêvais-tu de ces jours si brillants et si beaux
Où tu vins pour remplir l'éternelle promesse,
Où tu foulais, monté sur une douce ânesse,
24 Des chemins tout jonchés de fleurs et de rameaux,

Où, le cœur tout gonflé d'espoir et de vaillance,
Tu fouettais tous ces vils marchands à tour de bras,
Où tu fus maître enfin ? Le remords n'a-t-il pas
28 Pénétré dans ton flanc plus avant que la lance ?

— Certes, je sortirai, quant à moi, satisfait
D'un monde où l'action n'est pas la sœur du rêve ;
Puissé-je user du glaive et périr par le glaive !
32 Saint Pierre a renié Jésus... il a bien fait !

CXIX

ABEL ET CAÏN

I

Race d'Abel, dors, bois et mange ;
2 Dieu te sourit complaisamment[1].

Race de Caïn, dans la fange
4 Rampe et meurs misérablement.

Race d'Abel, ton sacrifice
6 Flatte le nez du Séraphin !

Race de Caïn, ton supplice
8 Aura-t-il jamais une fin ?

Race d'Abel, vois tes semailles
10 Et ton bétail venir à bien ;

Race de Caïn, tes entrailles
12 Hurlent la faim comme un vieux chien.

Race d'Abel, chauffe ton ventre
14 À ton foyer patriarcal ;

Race de Caïn, dans ton antre
16 Tremble de froid, pauvre chacal[2] !

Race d'Abel, aime et pullule !
18 Ton or fait aussi des petits.

Race de Caïn, cœur qui brûle,
20 Prends garde à ces grands appétits.

Race d'Abel, tu croîs et broutes
22 Comme les punaises des bois !

Race de Caïn, sur les routes
24 Traîne ta famille aux abois[3].

II

Ah ! race d'Abel, ta charogne
26 Engraissera le sol fumant !

Race de Caïn, ta besogne
28 N'est pas faite suffisamment ;

Race d'Abel, voici ta honte :
30 Le fer est vaincu[4] par l'épieu !

Race de Caïn, au ciel monte,
32 Et sur la terre jette Dieu !

1. Avec bienveillance.

2. Animal carnivore d'Asie et d'Afrique, qui se nourrit de cadavres, des restes laissés par les fauves.

3. Dans une situation désespérée.

4. Après l'incitation à la révolte du vers 28, le sédentaire/agriculteur Abel, représenté par le fer de la charrue, est « vaincu » par le nomade/chasseur Caïn, représenté par l'« épieu », long bâton garni de fer. Cette répartition des rôles est contraire au récit de la Genèse. Le poète fait de Caïn un protestataire contre un ordre social injuste, approuvé par Dieu qui favorise la perpétuation des privilèges d'Abel.

CXX

LES LITANIES DE SATAN

Ô toi, le plus savant et le plus beau des Anges,
2 Dieu trahi par le sort et privé de louanges,

Ô Satan, prends pitié de ma longue misère !

Ô Prince de l'exil, à qui l'on a fait tort,
5 Et qui, vaincu, toujours te redresses plus fort,

Ô Satan, prends pitié de ma longue misère !

Toi qui sais tout, grand roi des choses souterraines,
8 Guérisseur familier des angoisses humaines,

Ô Satan, prends pitié de ma longue misère !

Toi qui, même aux lépreux, aux parias[1] maudits,
11 Enseignes par l'amour le goût du Paradis,

Ô Satan, prends pitié de ma longue misère !

Ô toi qui de la Mort, ta vieille et forte amante,
14 Engendras l'Espérance, — une folle charmante !

Ô Satan, prends pitié de ma longue misère !

Toi qui fais au proscrit ce regard calme et haut
17 Qui damne tout un peuple autour d'un échafaud,

Ô Satan, prends pitié de ma longue misère !

Toi qui sais en quels coins des terres envieuses
20 Le Dieu jaloux cacha les pierres précieuses,

Ô Satan, prends pitié de ma longue misère !

Toi dont l'œil clair connaît les profonds arsenaux
23 Où dort enseveli le peuple des métaux,

Ô Satan, prends pitié de ma longue misère !

Toi dont la large main cache les précipices
26 Au somnambule errant au bord des édifices,

Ô Satan, prends pitié de ma longue misère !

Toi qui, magiquement, assouplis les vieux os
29 De l'ivrogne attardé foulé par les chevaux,

Ô Satan, prends pitié de ma longue misère !

Toi qui, pour consoler l'homme frêle qui souffre,
32 Nous appris à mêler le salpêtre et le soufre[2],

Ô Satan, prends pitié de ma longue misère !

Toi qui poses ta marque, ô complice subtil,
35 Sur le font du Crésus[3] impitoyable et vil,

Ô Satan, prends pitié de ma longue misère !

Toi qui mets dans les yeux et dans le cœur des filles
38 Le culte de la plaie et l'amour des guenilles,

Ô Satan, prends pitié de ma longue misère !

Bâton des exilés, lampe des inventeurs,
41 Confesseur des pendus et des conspirateurs,

Ô Satan, prends pitié de ma longue misère !

Père adoptif de ceux qu'en sa noire colère
44 Du paradis terrestre a chassés Dieu le Père,

Ô Satan, prends pitié de ma longue misère !

3. Personnification du riche.

4. Allusion à la Genèse où le diable/serpent incita Adam et Ève à goûter les fruits de l'arbre de la connaissance, malgré la défense de Dieu.

PRIÈRE

46 Gloire et louange à toi, Satan, dans les hauteurs
Du Ciel, où tu régnas, et dans les profondeurs
De l'Enfer, où, vaincu, tu rêves en silence !
Fais que mon âme un jour, sous l'Arbre de Science[4],
50 Près de toi se repose, à l'heure où sur ton front
Comme un Temple nouveau ses rameaux s'épandront !

Le satanisme

Satan occupe une place importante dans *Les Fleurs du mal*, mais cela va plus loin que le thème romantique de l'homme révolté. Satan est l'un des pôles d'attraction du poète et il représente le mal, la tentation intériorisée.

■ La présence de Satan

a - Satan est explicitement évoqué dans la section "Révolte" qui n'est sacrilège qu'en apparence. Caïn rejeté par Dieu est proche de Satan, "Prince de l'exil, à qui l'on a fait tort". Dans "Les Litanies de Satan", l'ange déchu a la noblesse du vaincu qui se refuse à capituler ; il est invoqué comme le consolateur des opprimés, des parias. Il est engagé dans le combat contre les inégalités sociales, en s'attaquant à tous les "Crésus", en aidant le faible contre le fort. Satan est le bienfaiteur des malheureux.

b - Baudelaire introduit dans son œuvre un satanisme plus traditionnel, celui du diable, du sabbat et des sorcières. Dans "L'Irréparable" (p. 77) et "L'Irrémédiable" (p. 102), il est question du "Diable", de "Satan", et du "Démon" dans "Tout entière" (p. 61). On constate la présence de "sorcières faméliques" dans "Sépulture" (p. 92) et le "sabbat du Plaisir" est évoqué ("Danse macabre", p. 123). Toutefois, l'utilisation symbolique domine, car la référence au domaine satanique est utilisée dans le cadre de comparaisons concernant la femme et ses maléfiques séductions. La femme est assimilée à une "sorcière" ("Chanson d'après-midi", p. 83), ses jambes produisent le même effet que "deux sorcières qui font/Tourner un philtre noir dans un vase profond" ("Le Beau Navire", p. 73) ; elle est comparée à un "troupeau de démons" ("Le Vampire", p. 46) et à une "Sorcière au flanc d'ébène" ("Sed non satiata", p. 42). La femme est la complice du diable par son rôle destructeur.

■ Satan, figure emblématique du mal intérieur du poète

a - Satan représente le péché, les tentations malsaines ; Satan est en l'homme lui-même, il se trouve dans les "démons malsains" qui surgissent dans "Le Crépuscule du soir". Baudelaire se sent possédé par lui :

> "Sans cesse à mes côtés s'agite le Démon ;
> Il nage autour de moi comme un air impalpable "
> ("La Destruction", v. 1-2, p. 138).

Les Fleurs du mal sont mises, en quelque sorte, sous le patronage de Satan puisqu'il explique le goût de l'homme pour le mal :

"Sur l'oreiller du mal c'est Satan Trismégiste
Qui berce longuement notre esprit enchanté,

[...]

C'est le Diable qui tient les fils qui nous remuent !
Aux objets répugnants nous trouvons des appas ;

[...]

Dans nos cerveaux ribote un peuple de Démons"
("Au Lecteur", v. 9-10, 13-14, 22, p. 15).

Satan est responsable des pulsions perverses, il anéantit la volonté de l'homme et l'encourage dans sa chute.

b - Satan représente le pôle négatif de la dualité qui torture le poète, il est l'infini négatif, l'envers de l'infini divin. Il y a une part de démoniaque dans toute réalité : "De Satan ou de Dieu, qu'importe [...]" ("Hymne à la Beauté", p. 34), Baudelaire ne choisit pas, car, d'une certaine façon, le mal aiguise le désir du bien. Les insatisfactions, le dégoût de soi dans le péché stimulent l'aspiration à l'Idéal : Satan et Dieu collaborent ainsi. Satan symbolise le néant qui est en l'homme, la malédiction que constitue l'existence — "Vivre est un mal" ("Semper eadem", p. 58) —, mais dans ce mal le poète garde une dignité :

"Soulagement et gloire uniques,
– La conscience dans le Mal !" ("L'Irrémédiable", II, p. 103).

Satan, auquel est associé "l'Arbre de Science" ("Les Litanies de Satan") donne son caractère à la "Conscience", lumière torturante et maudite car elle met en évidence les ténèbres de l'être et signale l'enfer qui est en l'homme, alors qu'il est lui-même plongé, sans remède, dans l'enfer de l'existence ("Le Mal"). Satan est donc la personnification de la tragédie intérieure baudelairienne.

LA MORT

CXXI
LA MORT DES AMANTS

Nous aurons des lits pleins d'odeurs légères,
Des divans profonds comme des tombeaux,
Et d'étranges fleurs sur des étagères,
4 Écloses pour nous sous des cieux plus beaux.

Usant à l'envi[1] leurs chaleurs dernières,
Nos deux cœurs seront deux vastes flambeaux,
Qui réfléchiront leurs doubles lumières
8 Dans nos deux esprits, ces miroirs jumeaux.

Un soir fait de rose et de bleu mystique[2],
Nous échangerons un éclair unique,
11 Comme un long sanglot, tout chargé d'adieux ;

Et plus tard un Ange, entr'ouvrant les portes,
Viendra ranimer, fidèle et joyeux,
14 Les miroirs ternis et les flammes mortes.

CXXII
LA MORT DES PAUVRES

C'est la Mort qui console, hélas ! et qui fait vivre ;
C'est le but de la vie, et c'est le seul espoir
Qui, comme un élixir, nous monte[1] et nous enivre,
4 Et nous donne le cœur de marcher jusqu'au soir ;

À travers la tempête, et la neige, et le givre,
C'est la clarté vibrante à notre horizon noir ;
C'est l'auberge fameuse inscrite sur le livre[2],
8 Où l'on pourra manger, et dormir, et s'asseoir ;

C'est un Ange qui tient dans ses doigts magnétiques[3]
Le sommeil et le don des rêves extatiques[4],
11 Et qui refait le lit des gens pauvres et nus ;

C'est la gloire des Dieux, c'est le grenier mystique,
C'est la bourse du pauvre et sa patrie antique,
14 C'est le portique ouvert sur les Cieux inconnus !

"La Mort des amants"

Ce sonnet composé de décasyllabes, dont les rimes sont croisées (abab), a été mis en musique par Claude Debussy.

■ Expression d'un amour idéal

a - Les sentiments sont traduits par la présence d'un vocabulaire du feu, de la chaleur et de la lumière : "chaleurs", "flambeaux", "lumières", "flammes" ; le feu de la passion réconforte et éclaire le chemin.

b - La perfection de l'union des amants est exprimée par la répétition du champ lexical de la dualité : "nous", "deux cœurs", "deux vastes flambeaux", "doubles lumières", "deux esprits", "miroirs jumeaux". La dichotomie entre l'affectif et le spirituel n'existe plus. Le cœur de chaque amant dégage une clarté qui se communique à l'esprit, chacun est le reflet de l'autre dans un échange et une communion totale, jusqu'à la fusion dans l'unité de l'"éclair unique".

■ Rêve d'une mort idéalisée, accomplissement suprême

a - Imprécision générale concernant le temps et le lieu : le cadre est intime mais dématérialisé ; le futur donne une perspective temporelle floue, sans échéance.

b - La mort est présentée d'une manière agréable ; le bien-être accompagne cette évocation qui fait abstraction de tout caractère macabre, morbide. Le tombeau est rendu confortable par son assimilation à un divan, instrument de repos mœlleux qui, par un effet de contagion, donne à la mort un aspect douillet.

c - La mort est envisagée dans un espace raffiné d'un point de vue sensoriel. Une sensation de fraîcheur se dégage des "odeurs légères" et les fleurs suggèrent un plaisir visuel et olfactif ; ces fleurs apportent un embellissement exceptionnel car elles sont "étranges", donc étrangères à notre monde, bizarres donc belles. Le pluriel hyperbolique des "cieux" renforce la qualité superlative des fleurs. Les couleurs pastel ("rose", "bleu") introduisent une nuance angélique dans ce décor qui n'a rien de mortuaire.

d - La mort n'est pas une séparation, elle permet à l'amour de survivre. Le passage dans la mort se fait dans une union extasiée : "Nous échangerons" ; la tristesse du "sanglot" partagé est fugace et laisse la place à la renaissance définitive de l'amour. Le souffle d'"un Ange" redonne vie à ce qui s'était éteint. Une sorte d'engagement semble lier le surnaturel et les deux amants : leur passion les consume, mais — comme le Phénix — elle est destinée à renaître de ses cendres. Cette mort imprégnée de suavité (douceur des sonorités du dernier tercet) n'est pas une fin, c'est une ouverture vers un infini où l'amour se prolonge éternellement. Ce sonnet débute par l'allusion à la naissance de fleurs mystiques, il s'achève sur la renaissance de l'amour au cœur du sacré.

"La Mort des pauvres"

La mort a une tonalité positive, en contradiction avec l'imagerie populaire et son fantastique macabre (image de la faucheuse). La mort comble les frustrations accumulées pendant la vie : il convient d'examiner les sentiments qu'elle inspire et les particularités de son action.

■ La mort inspire des sentiments positifs

a - La mort donne du courage, elle aide à tout supporter ("donne le cœur de marcher"), elle est un remède à la lassitude.

b - La mort suscite l'enthousiasme, une attente pleine d'allégresse ; d'une manière paradoxale, l'homme pauvre n'a pas peur de la mort, mais de la vie. La vie est représentée par la métaphore des intempéries et par les ténèbres. D'une manière antithétique, la mort est une "clarté", elle est un "but", "le seul espoir", elle "fait vivre" : un renversement s'est opéré en faveur de la mort, elle inspire confiance, elle a un effet stimulant sur le moral, elle insuffle à l'homme une sorte de force motrice qui le propulse en avant jusqu'à l'ultime rencontre réconfortante.

■ La mort a une action efficace et bénéfique

a - La mort fait preuve de tendresse, elle "refait le lit" des pauvres ; comme une mère, elle les borde pour que leur repos soit agréable. L'allégorie de la mort est dotée d'une personnalité hospitalière par la métaphore de "l'auberge" où l'accueil est chaleureux : "où l'on pourra manger". La mort est ressentie comme l'unique abri virtuel destiné à compenser les inévitables ("hélas !") privations de cette vie.

b - La mort rétablit une sorte de justice : elle fournit aux pauvres ce qui leur manque et les enrichit ("bourse", "grenier").

c - La mort est aussi une magicienne, elle fait oublier le malheur, elle est assimilée à une drogue : "élixir"; "enivre" ; elle est identifiée à un être spirituel doué d'une attraction puissante et mystérieuse : "un Ange" hypnotise les pauvres ("doigts magnétiques"), et les fait entrer avec ravissement dans la contemplation d'images séduisantes : "rêves extatiques". Ces visions merveilleuses sont le prélude à la béatitude qui suit l'entrée dans l'infini absolu du surnaturel dont la mort est l'antichambre : "gloire des Dieux", "mystique", "Cieux inconnus". La mort n'est pas une fin, c'est une étape, un "portique ouvert" sur la "patrie" originelle, celle des âmes.

CXXIII

LA MORT DES ARTISTES

Combien faut-il de fois secouer mes grelots[1]
Et baiser ton front bas, morne caricature[2] ?
Pour piquer dans le but, de mystique[3] nature,
4 Combien, ô mon carquois[4], perdre de javelots ?

Nous userons notre âme en de subtils complots[5],
Et nous démolirons mainte lourde armature[6],
Avant de contempler la grande Créature[7]
8 Dont l'infernal désir nous remplit de sanglots !

Il en est qui jamais n'ont connu leur Idole,
Et ces sculpteurs damnés et marqués[8] d'un affront,
11 Qui vont se martelant la poitrine et le front,

N'ont qu'un espoir, étrange et sombre Capitole !
C'est que la Mort, planant comme un soleil nouveau,
14 Fera s'épanouir les fleurs de leur cerveau !

CXXIV

LA FIN DE LA JOURNÉE

Sous une lumière blafarde
Court, danse et se tord sans raison
La Vie, impudente et criarde.
4 Aussi, sitôt qu'à l'horizon

La nuit voluptueuse monte,
Apaisant tout, même la faim,
Effaçant tout, même la honte,
8 Le Poète se dit : « Enfin !

Mon esprit, comme mes vertèbres,
Invoque ardemment le repos ;
11 Le cœur plein de songes funèbres,

Je vais me coucher sur le dos
Et me rouler dans vos rideaux,
14 Ô rafraîchissantes ténèbres ! »

1. Attribut du bouffon des rois.

2. La matière, contrefaçon de l'absolu.

3. Mystérieuse.

4. Le carquois évoque la métaphore de la chasse : l'artiste chasseur manque la cible esthétique.

5. Ruses de l'artiste pour dérober à l'Idéal ses secrets.

6. Charpente d'une statue. Insatisfait, l'artiste refait son œuvre.

7. La beauté, figure de la perfection.

8. Allusion à l'empreinte ineffaçable que le bourreau appliquait sur l'épaule d'un condamné avec un fer.

CXXV
LE RÊVE D'UN CURIEUX

1. Dédicace adressée à Félix Nadar, pseudonyme de Félix Tournachon, photographe (1820-1910).
2. Insoumise.

À F.N.[1]

Connais-tu, comme moi, la douleur savoureuse,
Et de toi fais-tu dire : « Oh ! l'homme singulier ! »
— J'allais mourir. C'était dans mon âme amoureuse,
4 Désir mêlé d'horreur, un mal particulier ;

Angoisse et vif espoir, sans humeur factieuse[2].
Plus allait se vidant le fatal sablier,
Plus ma torture était âpre et délicieuse ;
8 Tout mon cœur s'arrachait au monde familier.

J'étais comme l'enfant avide du spectacle,
Haïssant le rideau comme on hait un obstacle...
11 Enfin la vérité froide se révéla :

J'étais mort sans surprise, et la terrible aurore
M'enveloppait. — Eh quoi ! n'est-ce donc que cela ?
14 La toile était levée et j'attendais encore.

CXXVI
LE VOYAGE

1. Poète confiant dans le progrès et auteur de *Chants modernes*, (1822-1894).
2. Images imprimées, reproduites au moyen d'une plaque gravée de cuivre ou de bois.
3. Magicienne. Dans l'*Odyssée* d'Homère, elle change en pourceaux les compagnons d'Ulysse ; celui-ci se fait aimer d'elle, et elle leur rend leur forme primitive.

À Maxime du Camp[1]

I

Pour l'enfant, amoureux de cartes et d'estampes[2],
L'univers est égal à son vaste appétit.
Ah ! que le monde est grand à la clarté des lampes !
4 Aux yeux du souvenir que le monde est petit !

Un matin nous partons, le cerveau plein de flamme,
Le cœur gros de rancune et de désirs amers,
Et nous allons, suivant le rythme de la lame,
8 Berçant notre infini sur le fini des mers :

Les uns, joyeux de fuir une patrie infâme ;
D'autres, l'horreur de leurs berceaux, et quelques-uns,
Astrologues noyés dans les yeux d'une femme,
12 La Circé[3] tyrannique aux dangereux parfums.

Pour n'être pas changés en bêtes, ils s'enivrent
D'espace et de lumière et de cieux embrasés ;
La glace qui les mord, les soleils qui les cuivrent,
16 Effacent lentement la marque des baisers.

Mais les vrais voyageurs sont ceux-là seuls qui partent
Pour partir ; cœurs légers, semblables aux ballons,
De leur fatalité jamais ils ne s'écartent,
20 Et, sans savoir pourquoi, disent toujours : Allons !

Ceux-là dont les désirs ont la forme des nues[4],
Et qui rêvent, ainsi qu'un conscrit le canon,
De vastes voluptés, changeantes, inconnues,
24 Et dont l'esprit humain n'a jamais su le nom !

II

Nous imitons, horreur ! la toupie[5] et la boule
Dans leur valse et leurs bonds ; même dans nos sommeils
La Curiosité nous tourmente et nous roule,
28 Comme un Ange cruel qui fouette des soleils.

Singulière fortune où le but se déplace,
Et, n'étant nulle part, peut être n'importe où !
Où l'Homme, dont jamais l'espérance n'est lasse,
32 Pour trouver le repos court toujours comme un fou !

Notre âme est un trois-mâts cherchant son Icarie[6] ;
Une voix retentit sur le pont : « Ouvre l'œil ! »
Une voix de la hune, ardente et folle, crie :
36 « Amour... gloire... bonheur ! » Enfer ! c'est un écueil[7] !

Chaque îlot signalé par l'homme de vigie
Est un Eldorado promis par le Destin ;
L'Imagination qui dresse son orgie
40 Ne trouve qu'un récif[8] aux clartés du matin.

Ô le pauvre amoureux des pays chimériques !
Faut-il le mettre aux fers, le jeter à la mer,
Ce matelot ivrogne, inventeur d'Amériques
44 Dont le mirage rend le gouffre plus amer ?

Tel le vieux vagabond, piétinant dans la boue,
Rêve, le nez en l'air, de brillants paradis ;
Son œil ensorcelé découvre une Capoue[9]
48 Partout où la chandelle illumine un taudis.

4. Nuages.

5. Jouet d'enfant formé d'une masse conique pourvue d'une pointe sur laquelle elle pivote.

6. Symbole de l'utopie ; allusion à un ouvrage de Cabet publié en 1840, *Voyage en Icarie*.

7. Rocher ou banc de sable à fleur d'eau : le navire peut se briser ou s'échouer contre lui, si le matelot surveillant le large (la « vigie ») n'est pas attentif depuis la « hune » (plate-forme arrondie à l'avant, reposant sur un bas-mât).

8. Obstacle périlleux représenté par des rochers à fleur d'eau.

9. Ville d'Italie méridionale, symbole d'un séjour délicieux (qui avait amolli les armées d'Hannibal).

III

Étonnants voyageurs ! quelles nobles histoires
Nous lisons dans vos yeux profonds comme les mers !
Montrez-nous les écrins[10] de vos riches mémoires,
52 Ces bijoux merveilleux, faits d'astres et d'éthers.

Nous voulons voyager sans vapeur et sans voile !
Faites, pour égayer l'ennui de nos prisons,
Passer sur nos esprits, tendus comme une toile,
56 Vos souvenirs avec leurs cadres d'horizons.

Dites, qu'avez-vous vu ?

IV

                    « Nous avons vu des astres
Et des flots ; nous avons vu des sables aussi ;
Et, malgré bien des chocs et d'imprévus désastres,
60 Nous nous sommes souvent ennuyés, comme ici.

La gloire du soleil sur la mer violette[11],
La gloire des cités dans le soleil couchant,
Allumaient dans nos cœurs une ardeur inquiète
64 De plonger dans un ciel au reflet alléchant.

Les plus riches cités, les plus grands paysages,
Jamais ne contenaient l'attrait mystérieux
De ceux que le hasard fait avec les nuages.
68 Et toujours le désir nous rendait soucieux !

— La jouissance ajoute au désir de la force.
Désir, vieil arbre à qui le plaisir sert d'engrais,
Cependant que grossit et durcit ton écorce,
72 Tes branches veulent voir le soleil de plus près !

Grandiras-tu toujours, grand arbre plus vivace
Que le cyprès ? — Pourtant nous avons, avec soin,
Cueilli quelques croquis pour votre album vorace,
76 Frères qui trouvez beau tout ce qui vient de loin !

Nous avons salué des idoles à trompe[12] ;
Des trônes constellés de joyaux lumineux ;
Des palais ouvragés dont la féerique pompe
80 Serait pour vos banquiers un rêve ruineux ;

Des costumes qui sont pour les yeux une ivresse ;
Des femmes dont les dents et les ongles sont teints,
Et des jongleurs savants que le serpent caresse. »

V

₈₄ Et puis, et puis encore ?

13. Débauché.

14. « Article placé ordinairement en tête des journaux politiques où l'on résume les nouvelles reçues dans la journée » (définition du *Littré*).

VI

« Ô cerveaux enfantins !

Pour ne pas oublier la chose capitale,
Nous avons vu partout, et sans l'avoir cherché,
Du haut jusques en bas de l'échelle fatale,
₈₈ Le spectacle ennuyeux de l'immortel péché :

La femme, esclave vile, orgueilleuse et stupide,
Sans rire s'adorant et s'aimant sans dégoût ;
L'homme, tyran goulu, paillard[13], dur et cupide,
₉₂ Esclave de l'esclave et ruisseau dans l'égout ;

Le bourreau qui jouit, le martyr qui sanglote ;
La fête qu'assaisonne et parfume le sang ;
Le poison du pouvoir énervant le despote,
₉₆ Et le peuple amoureux du fouet abrutissant ;

Plusieurs religions semblables à la nôtre,
Toutes escaladant le ciel ; la Sainteté,
Comme en un lit de plume un délicat se vautre,
₁₀₀ Dans les clous et le crin cherchant la volupté ;

L'Humanité bavarde, ivre de son génie,
Et folle, maintenant comme elle était jadis,
Criant à Dieu, dans sa furibonde agonie :
₁₀₄ « Ô mon semblable, ô mon maître, je te maudis ! »

Et les moins sots, hardis amants de la Démence,
Fuyant le grand troupeau parqué par le Destin,
Et se réfugiant dans l'opium immense !
₁₀₈ — Tel est du globe entier l'éternel bulletin[14]. »

15. Gladiateur armé d'un trident, d'un poignard et d'un filet dans lequel il cherchait à envelopper ses adversaires.

16. L'univers de la mort.

17. Dans l'*Odyssée* (chant IX), il est question des Lotophages. Le lotus ferait perdre la mémoire.

18. Ami fidèle d'Oreste.

19. Fille d'Agamemnon et de Clytemnestre, sœur d'Oreste, auquel elle apporte son aide quand il est poursuivi par les Érinyes (déesses de la vengeance) pour le meurtre de Clytemnestre et d'Égisthe, destiné à venger l'assassinat d'Agamemnon. Elle symbolise la femme fidèle.

VII

Amer savoir, celui qu'on tire du voyage !
Le monde, monotone et petit, aujourd'hui,
Hier, demain, toujours, nous fait voir notre image :
112 Une oasis d'horreur dans un désert d'ennui !

Faut-il partir ? rester ? Si tu peux rester, reste ;
Pars, s'il le faut. L'un court, et l'autre se tapit
Pour tromper l'ennemi vigilant et funeste,
116 Le Temps ! Il est, hélas ! des coureurs sans répit,

Comme le Juif errant et comme les apôtres,
À qui rien ne suffit, ni wagon ni vaisseau,
Pour fuir ce rétiaire[15] infâme ; il en est d'autres
120 Qui savent le tuer sans quitter leur berceau.

Lorsque enfin il mettra le pied sur notre échine,
Nous pourrons espérer et crier : En avant !
De même qu'autrefois nous partions pour la Chine,
124 Les yeux fixés au large et les cheveux au vent,

Nous nous embarquerons sur la mer des Ténèbres[16]
Avec le cœur joyeux d'un jeune passager.
Entendez-vous ces voix, charmantes et funèbres,
128 Qui chantent : « Par ici ! vous qui voulez manger

Le Lotus[17] parfumé ! c'est ici qu'on vendange
Les fruits miraculeux dont votre cœur a faim ;
Venez vous enivrer de la douceur étrange
132 De cette après-midi qui n'a jamais de fin ! »

À l'accent familier nous devinons le spectre ;
Nos Pylades[18] là-bas tendent leurs bras vers nous.
« Pour rafraîchir ton cœur nage vers ton Électre[19] ! »
136 Dit celle dont jadis nous baisions les genoux.

VIII

Ô Mort, vieux capitaine, il est temps ! levons l'ancre !
Ce pays nous ennuie, ô Mort ! Appareillons !
Si le ciel et la mer sont noirs comme de l'encre,
140 Nos cœurs que tu connais sont remplis de rayons !

Verse-nous ton poison pour qu'il nous réconforte !
Nous voulons, tant ce feu nous brûle le cerveau,
Plonger au fond du gouffre, Enfer ou Ciel, qu'importe ?
144 Au fond de l'Inconnu pour trouver du *nouveau* !

Thèmes de recherche

1. Le spleen

Dès la première édition, les poèmes consacrés au spleen constituent une unité ; ils définissent l'état d'âme qui se trouve à l'origine de tout. On observe une variété dans la forme : LXXV est un sonnet, LXXVI et LXXVII sont composés de rimes plates, alors que LXXVIII est formé de cinq quatrains à rimes croisées. Ces poèmes sont caractérisés par l'utilisation systématique d'une expression allégorique et métaphorique.

■ Allégories et images

Les abstractions personnifiées sont nombreuses "Pluviôse" (LXXV), "l'Espoir", "l'Angoisse", "l'Espérance" (LXXVIII). Les métaphores, les comparaisons donnent une image objectivée d'un état intérieur. On trouve les éléments : la pluie (LXXVII, LXXVIII), la neige (LXXVI), le ciel bas, l'absence de clarté (LXXVIII). Un bestiaire est observé : un chat (LXXV), des vers (LXXVI), une chauve-souris, des araignées (LXXVIII), des chiens (LXXVII). Le monde humain est représenté par un roi "jeune et pourtant très vieux", il est assimilé à un "jeune squelette", à un "cadavre hébété" (LXXVII). Des objets servent également à la connaissance et à la compréhension de l'état cérébral, spirituel du poète : "un gros meuble à tiroirs encombré [...]", "un vieux boudoir", "un immense caveau" (LXXVI), "un couvercle", "des plafonds pourris", des "corbillards", un "drapeau noir" (LXXVIII). On note aussi la présence de sons désagréables : "le bourdon se lamente" (LXXV), "Des cloches [...] un affreux hurlement" (LXXVIII) ; cette hystérie phonique exprime l'agonie de l'ordre, de l'harmonie, de l'équilibre et signale l'avènement de l'anarchie spirituelle. Ces images s'éloignent parfois du réel et relèvent de l'hallucination, d'un fantastique cauchemardesque : "fantôme frileux", "la pendule enrhumée", les cartes ("le beau valet de cœur et la dame de pique") personnifiées (LXXV). Les objets, l'univers matériel donc, bénéficient d'une vie redoutable : l'âme du poète est incapable de résister à l'invasion incontrôlable d'objets qui prolifèrent et s'incrustent au cœur même du "moi". Le cerveau est paralysé, voire détruit de l'intérieur, par l'immixtion d'intrus qui le colonisent et lui extorquent son autonomie et sa qualité de sujet, à l'exemple des "araignées" et des "corbillards" qui font du poète son propre sépulcre. Ce monde agressif traduit la déroute du spirituel ; le poète éprouve le sentiment que ses facultés intellectuelles sont inhibées, asphyxiées, qu'il ne s'appartient plus. L'abattement, symptôme révélateur de la présence délétère du spleen, est matérialisé par cette domination du monde extérieur qui parasite, qui vampirise l'univers intérieur : le poète s'identifie à ce qu'il n'est pas pour dire qu'il n'est plus.

■ L'angoisse morbide

Pour rendre perceptible ce qu'il ressent et pour définir l'état désigné par le vocable de "spleen", Baudelaire se livre à une introspection et présente, sous forme d'images, des manifestations psychiques éclairantes sur la nature de ce qu'il subit. Le prince vit en reclus, insensible à tout (LXXVII) ; le "Je" désolé de LXXVI est prostré et a l'impression d'être abandonné, sous le règne d'un temps immobile, et lui-même s'immobilise, se fige, devenu une matière inerte comme le "granit" et "un vieux sphinx ignoré du monde insoucieux". L'image de la pétrification est une tentative pour concrétiser l'épouvante de la stagnation, du marasme mental. L'impasse de la banalité, de l'uniformité affligeantes trouve une traduction dans la décourageante monotonie de huit vers rimant en *é* (LXXVI, v. 11-18). Le poète démoralisé se sent intellectuellement bloqué, ce qui conduit à une sensation de claustration par l'image des "filets" tissés et tendus par les araignées afin d'enserrer la matière cérébrale du poète et annihiler ses potentialités créatrices, et par l'image du cachot. La pluie, phénomène subi et vécu comme une agression, construit une prison verticale combinée à la prison horizontale du ciel "noir" et funèbre : privé de tout horizon, de toute perspective, enfermé dans un réel — psychique — rétréci, bouché par un mur extérieur et par un mur intérieur, le poète affolé craint un engourdissement de son esprit. Le poème LXXVIII est construit à partir d'une ramification de propositions figurant l'emprisonnement du cerveau.

Le système de représentation du spleen nous montre qu'il s'agit d'un mal psychique plus grave que l'ennui ; le poète semble privé de ses repères, il a perdu la capacité d'espérer en l'idéal ; il est hanté par l'angoisse de la dégénérescence et il perçoit dans ce qui l'entoure une détérioration lugubre ; il en vient même à douter de ses facultés, ce qui le fait sombrer dans une sorte d'apathie, de léthargie mentale. L'écriture, particulièrement maîtrisée, des poèmes consacrés au spleen démontre que l'art est un exutoire au chaos intérieur, que c'est une opération purificatrice (catharsis). L'art sauve et la perfection poétique est le seul absolu accessible. La création poétique est un acte conjuratoire : dans *Bribes*, Baudelaire écrit : "J'ai pétri de la boue et j'en ai fait de l'or" ; dans les quatre poèmes de "Spleen" le poète a réussi la transmutation de la déraison, du désordre, en lucidité, en conscience de soi.

2. La femme

L'amour est un thème majeur des *Fleurs du mal*. La femme est, paradoxalement, objet de culte, objet de répulsion, objet de contemplation, objet de
mépris ; elle sert de tremplin à l'imagination du poète et renvoie à autre chose qu'elle-
même : curieusement, on peut s'interroger sur la réalité du sentiment que le poète
porte à la femme et sur la portée de l'emploi des mots "aimer" et "amoureux" utilisés
pour le chat (XXXIV, v. 1 et LI, II, v. 33). Dans *Mon cœur mis à nu*, Baudelaire affirme que
"La femme est le contraire du Dandy. Donc elle doit faire horreur [...] La femme est
naturelle, c'est-à-dire abominable. Aussi est-elle toujours vulgaire, c'est-à-dire le
contraire du Dandy". Quelle que soit l'identité des femmes évoquées (Jeanne Duval,
Mme Sabatier, Marie Daubrun) elles ne représentent pas des individualités, mais un
"archétype", une fonction. La femme est ambiguë, double : elle peut être un ange ou
un démon.

■ La femme, créature infernale

Comparée à un "troupeau de démons" ("Le Vampire"), la femme est
bestiale et maléfique ; ses "traîtres yeux" ("L'Invitation au voyage") font d'elle une créature perverse qui ensorcelle le pète et le conduit à la mort ("Le Poison"). "Poison préparé par les anges" ("Le Flacon"), la femme est dépravée et source de péché : "Femme
impure [...]" (XXV), "Mégère libertine" ("Sed non satiata"). Elle asservit et aliène le
poète, elle l'incite à plonger dans le gouffre du mal ; l'amour est un cheminement vers
l'enfer, et la chaîne qu'il représente est un obstacle au développement de la vie spirituelle ("Le Vampire", "Duellum") : la chair est la perdition de l'esprit — comme le
spleen qui mine l'idéal. Confronté à une impasse, conscient de sa chute, de son agonie
spirituelle, le poète humilié et souffrant ressent plus profondément la nostalgie et le
besoin de l'idéal, ce qui prépare son éventuel salut dans un amour mystique :

"Machine aveugle et sourde, en cruautés féconde !
[...]
Quand la nature, [...]
De toi se sert, ô femme, ô reine des péchés,
— De toi, vil animal — pour pétrir un génie ?" (XXV)

C'est uniquement au cœur de cette dialectique morbide que la
femme/Satan peut être utile au poète. Mais la femme est aussi un ange.

■ La femme bienfaisante

S'il est vrai que le poète est souvent la victime consentante et complice
d'une femme-bourreau, s'il est incontestable qu'un "gibet symbolique" est érigé sur l'île
de Vénus — nouveau Golgotha pour le prêtre crucifié de cette contre-religion de
l'amour ("Un Voyage à Cythère") —, l'amour comporte des composantes plus sereines.
La femme est la médiatrice du voyage et de l'évasion, elle est un prétexte à rêver, elle
compose une atmosphère ("Parfum exotique", "L'Invitation au voyage"). La chevelure
— objet fétiche — contient "un éblouissant rêve" ; elle restitue "l'azur du ciel immense
et rond" ("La Chevelure"). La femme est assimilée à un "fin vaisseau" et sa chevelure

est une "mer odorante et vagabonde" ; le poète "appareille pour un ciel lointain" ("Le Serpent qui danse", "Le Beau navire"). Grâce à ce rêve de voyage, dont la femme est porteuse, le poète redécouvre le plaisir d'une harmonie sensorielle retrouvée : le poète désaltère son âme asséchée à la source vivifiante d'une symphonie de sensations réunissant "le parfum, le son et la couleur" ("La Chevelure", "Parfum exotique"). Le poète peut ainsi entrer en possession de l'infini de l'espace marin, des enchantements exotiques d'une insularité édénique où la nature est pure et féconde, et l'humanité préservée de toute souillure. Dans cet univers originel, proche de la Genèse — avant la chute — l'innocence de la femme est envisageable : "Et des femmes dont l'œil par sa franchise étonne" ("Parfum exotique"). La femme cristallise donc les aspirations vers un ailleurs conforme aux fantasmes du poète, mais elle est également bienfaisante si elle joue le rôle de consolatrice. Les excès de la passion sont exorcisés, "décantés", voire spiritualisés grâce au filtre de la tendresse et du souvenir :

"Ces serments, ces parfums, ces baisers infinis,
Renaîtront-ils [...]
Comme montent au ciel les soleils rajeunis
Après s'être lavés au fond des mers profondes ?"
("Le Balcon")

Le passé amoureux est racheté, transfiguré par un processus de remémoration qui conduit le poète jusqu'à la phase sublime de l'extase mystique : "Ton souvenir en moi luit comme un ostensoir !" ("Harmonie du soir"). "Le passé restauré" est exaltant ("Le Parfum" ["Un fantôme", II]) et il se trouve débarrassé de ses impuretés. La femme est capable d'atténuer le mal de vivre du poète ; mais malheureusement, son réconfort est provisoire et illusoire ("[...] laissez mon cœur s'enivrer d'un *mensonge*", "Semper eadem"). La femme est superficielle, frivole ; "ignorante", puérile, elle compatit sans pouvoir comprendre ("Semper eadem"). Dans ces conditions, le poète expérimente l'incommunicabilité et il est renvoyé à sa solitude et à ses frustrations.

La femme est funeste : quand elle ne l'est pas, elle ne procure au poète que des palliatifs. Elle n'est bénéfique que dans la mesure où le poète est à même d'effectuer la transmutation de ce qu'elle lui offre.

3. Le voyage

Le thème du voyage est une constante spirituelle dans l'œuvre de Baudelaire, il sert de contrepoids à la ville qui provoque le spleen. Le poète a besoin d'un ailleurs, car la "vie est un hôpital où chaque malade est possédé du désir de changer de lit. Celui-ci voudrait souffrir en face du poêle, et celui-là croit qu'il guérirait à côté de la fenêtre (*Petits poèmes en prose,* "Anywhere out of the world — N'importe où hors du monde"). Baudelaire espère que sa "pauvre âme refroidie " verra une amélioration de son état grâce à un "déménagement" spatial ; toutefois, il convient d'opposer le voyage réel et le voyage rêvé.

▧ Le voyage réel et ses désillusions

Des contradictions sont perceptibles dans la conception du voyage. Le poète éprouve des affinités pour les "Bohémiens en voyage" ; ces personnes ne s'installent pas, sans cesse en marche pour une éternelle quête et le poète est fasciné par cette avancée sans trêve ni limite. Dans *Mon cœur mis à nu* (XXXVIII), Baudelaire parle de "glorifier le vagabondage et ce qu'on peut appeler le Bohémianisme, culte de la sensation multipliée, s'exprimant par la musique". Par contre, "Les Hiboux" suggèrent, par leur comportement, qu'il est bon de redouter "le tumulte et le mouvement" et que l'homme est puni "d'avoir voulu changer de place". Faut-il en conclure que la sagesse serait de s'abstenir de tout déplacement ? Peut-être cette décision serait-elle la meilleure, à condition toutefois que l'on puisse renoncer à bouger. La leçon donnée par les hiboux ne devrait-elle pas être interprétée comme une incitation à préférer les voyages immobiles aux voyages effectivement réalisés ?

Le voyage réel est décevant ; si l'"âme est un trois-mâts cherchant son Icarie", elle découvre partout le "spectacle ennuyeux de l'immortel péché", une "oasis d'horreur dans un désert d'ennui" : on ne retire donc du voyage qu'un "amer savoir" ; le temps, "ce rétiaire infâme", "mettra le pied sur notre échine" et nous n'aurons vu que des "mirages" ("Le Voyage"). À quoi sert de bouger ? Le rêve de voyage est plus qu'un ersatz de voyage, il est une satisfaction : "Pourquoi contraindre mon corps à changer de place, puisque mon âme voyage si lestement ? Et à quoi bon exécuter des projets, puisque le projet est en lui-même une jouissance suffisante ?" (*Petits poèmes en prose,* "Les Projets".)

▧ Les séductions du voyage par l'imaginaire

La femme est à l'origine de ces voyages fixes, où seul l'esprit est actif ; le parfum de la femme enclenche un processus onirique et provoque une polyphonie de sensations où le poète trouve le bonheur. Par la correspondance entre la femme et un climat, Baudelaire pénètre dans un pays de rêve aux caractéristiques picturales ("La Chevelure", "Parfum exotique", "L'Invitation au voyage"). L'évasion est symbolisée par le thème de la mer : cette dernière n'est plus un "gouffre", miroir du "gouffre" du cœur de l'homme ("L'Homme et la mer"), elle représente l'illimité. Des paysages chaleureux aux senteurs tropicales, à la végétation luxuriante et aux fruits étonnamment délectables, complètent les plaisirs de la vision marine. Tout est volupté, tout a une saveur inimitable, un goût de paradis retrouvé. Le raffinement, la plénitude sensorielle, la splendeur d'un espace démultiplié par les miroirs et en continuelle expansion puisque la chevelure totalise, sans les enfermer, l'Asie et l'Afrique, l'océan et le cosmos lui-même, tout cela procure au poète cet ailleurs chimérique, cette fuite dans un imaginaire exotique qui constitue une parenthèse salutaire dans la morosité d'un quotidien étriqué. Le rêve de la mer et de son horizon, le rêve de navires et de ports saturés des odeurs et des richesses de l'Orient équivaut à un "opium naturel" grâce auquel le poète comble sa nostalgie de l'impossible (*Petits poèmes en prose*, "L'Invitation au voyage").

Illustration de A. Rassenfosse pour
Les Fleurs du mal *(1899)*.

4. La condition du poète

Le thème de la condition de l'artiste est un sujet important à l'époque romantique. Victor Hugo considère que le poète a une mission civilisatrice : il est un "mage", un "guide" (*Les Voix intérieures*, 1837) ; pareil aux prophètes, il est le "rêveur sacré",

"Car la poésie est l'étoile
Qui mène à Dieu rois et pasteurs" (*Les Rayons et les Ombres*, 1840).

Dans *Chatterton*, Vigny montre que le poète est inadapté à la société et que le suicide est bien souvent, pour lui, la seule issue. Moïse représente l'homme de génie, incompris, qui ne supporte plus sa solitude morale et demande la mort à Dieu d'un ton plein de reproche (*Poèmes antiques et modernes*, 1826). Chez Baudelaire, le destin personnel l'emporte sur la dimension collective ; toutefois, la valeur religieuse de sa vocation et la souffrance de l'incompréhension demeurent les caractéristiques fondamentales de la destinée du poète.

▮ Le caractère sacré du poète

La venue du poète résulte d'"un décret des puissances suprêmes" ; il répond aux "desseins éternels", il bénéficie de la "tutelle d'un ange", il est destiné aux "saintes Légions", et les "saintes voluptés" et une "couronne mystique" seront son lot ("Bénédiction", v. 1, 18, 21, 60, 62).

La dimension religieuse explique l'éminente dignité du travail de l'artiste d'une manière générale, et du poète en particulier. L'artiste, lance un "cri" perpétué "d'âge en âge" jusqu'à l'éternité de Dieu, "témoignage " de sa "dignité" ("Les Phares", v. 34, 37, 41, 42, 44). Le poète a un don particulier, il "comprend sans effort/Le langage des fleurs et des choses muettes ("Élévation", v. 19-20). Derrière les apparences, le poète entre en communication avec le sens profond de la réalité, il détient la clef des symboles et cette connaissance fait sa grandeur ("Correspondances").

▮ Les tourments du destin du poète

Une sorte de malédiction accable le poète : il est voué à la souffrance ("Bénédiction", v. 57), il est victime de la malchance ("La Muse malade", "Le Guignon"). Il éprouve une grande douleur morale devant les incertitudes et les difficultés de la création ("qui sait si", "L'Ennemi", v. 9 ; Je vais m'exercer seul à ma fantasque escrime, / Flairant dans tous les coins les hasards de la rime", "Le Soleil", v. 5-6).

La plus grande souffrance du poète vient de ce qu'il est rejeté ; il est même maudit par sa propre mère qui méprise ce "monstre rabougri" ("Bénédiction", v. 5, 8, 12). Le vulgaire dédaigne ce qui lui est supérieur, il est hostile au poète : "Exilé sur le sol au milieu des huées" ("L'Albatros", v. 15). L'albatros est la métaphore du poète qui se sent un étranger dans la société mesquine ; le cygne "frottant le pavé sec", "le cœur plein de son beau lac natal" est aussi une figure du poète privé d'un environnement favorable ("Le Cygne", v. 18, 22).

Le poète est un homme prédestiné et Baudelaire montre la noblesse de cette vocation souvent martyrisante. La foule ne respecte pas le poète pour son savoir particulier, elle ne lui reconnaît aucun pouvoir ; le poète affronte les difficultés liées à l'inspiration poétique, la dérision d'autrui et sa propre déréliction.

Caricature faite après le procès
Condamnant Les Fleurs du mal.

5. Paris

La section des "Tableaux parisiens" a été créée pour l'édition de 1861. Huit des dix-huit poèmes de la section se trouvaient déjà dans l'édition de 1857, mais dans la section "Spleen et Idéal".

Paris occupe une place importante dans la vie du poète : il y a occupé quarante-quatre domiciles. En tant que phénomène urbain, Paris représente la modernité définie comme "le transitoire, le fugitif, le contingent, la moitié de l'art, dont l'autre moitié est l'éternel et l'immuable" (*Le Peintre de la vie moderne*, IV, "La modernité"). La réflexion sur l'originalité de l'œuvre de Constantin Guys permet à Baudelaire d'invoquer la "fantasmagorie"de la grande ville : il explique que, d'une manière générale, l'artiste est l'"homme des foules" car le "*moi*" est "insatiable du *non-moi*". "Pour le parfait flâneur, pour l'observateur passionné, c'est une immense jouissance que d'élire domicile dans le nombre, dans l'ondoyant, dans le mouvement, dans le fugitif et l'infini. Être hors de chez soi, et pourtant se sentir partout chez soi ; voir le monde, être au centre du monde et rester caché au monde […]. L'observateur est un *prince* qui jouit partout de son incognito".

Dans cette section, Paris est fascinant et odieux, marqué par la même ambivalence qui caractérise toutes les réalité baudelairiennes. Le point de vue du poète est éloigné de tout réalisme et le lecteur découvre un Paris psychique, voire un Paris mythique.

■ **Absence de pittoresque**

On constate la rareté des indications topographiques, il est simplement question du Carrousel, du Louvre ("Le Cygne"), de la Seine et des "quais froids de la Seine" ("Le Crépuscule du matin", "Danse macabre"). Les indications spatiales fournies sont urbaines plus que parisiennes : les "pavés", le "faubourg", la "rue", la "cité", les "masures", l'"hôpital", les "hospices", les "casernes".

Paris est décrit à des moments différents, la nuit, le jour, et lors de saisons différentes : sous le "soleil", avec le "brouillard sale et jaune" ("Le Cygne", les Sept Vieillards", "Le Crépuscule du matin"), sous un "ciel pluvieux", avec la "brume", la "boue", les "frimas", avec la "bise" ou "l'autan" ("Les Sept Vieillards", "Brumes et pluies", "Les Petites Vieilles"). "Paysage" évoque "l'hiver aux neiges monotones", "C" fait allusion au "vent mélancolique" d'"Octobre".

Le poète se détache toujours du concret : il écoute la musique des cloches, mais "en rêvant" et il regarde la ville depuis sa "mansarde", "à travers les brumes" ("Paysage").

Dans "Le Cygne", le poète utilise l'allégorie du "Travail" ; la ville s'intègre dans une opération de remémoration ; le passé et le recours à l'Antiquité ("Andromaque") enlèvent tout réalisme aux anecdotes : "Je ne vois qu'en esprit tout ce camp de baraques", "tout pour moi devient allégorie". "Les Sept Vieillards" confirme cette impression : "Les maisons […] simulaient les deux quais", les "guenilles" du vieillard "imitaient" la couleur du ciel.

Paris est vu par le "Je" qui oriente la lecture du phénomène urbain, c'est un "décor semblable à l'âme de l'acteur" ("Les Sept Vieillards"). Paris est le décor du spleen et la ville se présente comme l'allégorie de l'état psychique du poète.

■ Paris, cité du spleen

Paris est un espace de douleurs, on y rencontre des pauvresses ("À une mendiante rousse", "Le Crépuscule du matin"), des exilées, "la négresse amaigrie et phtisique", les "orphelins", ceux qui "tètent la Douleur" ("Le Cygne"). Le lecteur découvre la décrépitude des petites vieilles victimes de "l'austère Infortune" ; elles sont abandonnées, oubliées, méprisées. La prostitution, les ouvriers épuisés, les parias, les malades, les agonisants sont rassemblés dans la "cité de fange" ("Le Crépuscule du matin", "Le Crépuscule du soir"). Tous les vices, toutes les corruptions, toutes les débauches, toutes les perversions s'épanouissent dans cette "fourmilière". Paris regroupe des vies sacrifiées, des existences pathétiques. La compassion envahit le poète quand il se souvient du cygne ou de l'attitude mélancolique d'Andromaque, "courbée" auprès du cénotaphe d'Hector ; il est nostalgique en songeant aux amours impossibles surgis de l'imprévu de la ville ("À une passante").

■ Paris mythique

Avec Paris, le poète crée un univers imaginaire. Dans ce grouillement, "tout, même l'horreur, tourne aux enchantements" ("Les Petites Vieilles"). Paris est une "cité pleine de rêves" ("Les Sept Vieillards") où le poète découvre des "êtres singuliers" dont il imagine la vie : " [...] je vis vos jours perdus", "je goûte à votre insu des plaisirs clandestins" ("Les Petites Vieilles"). Paris offre des "mystères", la rencontre de "spectres baroques", de "monstres hideux" au "cortège infernal". Paris nourrit les hallucinations quand la raison désignée par la métaphore du navire démâté est incapable de contrôler le surgissement de l'absurde et du démoniaque ("Les Sept Vieillards").

Le Paris imaginaire est complété par la cité imaginée à Paris. À la mauvaise saison, le poète fermera "portières et volets", "Pour bâtir dans la nuit [s]es féeriques palais" ; il évoquera le "Printemps" selon son bon plaisir ("Paysage"). Baudelaire bâtit dans "Rêve parisien" l'architecture de métal, de pierre et d'eau, débarrassée de tout végétal, comme l'"architecte songeur, qui bâtit sur le papier des villes dont les ponts ont des éléphants pour piliers, et laissent passer entre leurs nombreuses jambes de colosses, toutes voiles dehors, des trois-mâts gigantesques !" (*Salon de 1859*, I, "L'artiste moderne"). Ces constructions ressemblent également aux "magnificences de lumière", aux "splendeurs glorieuses", aux "cascades d'or liquide" produites par le haschisch (*Les Paradis artificiels*, "Le Poème du haschisch", III : "Le Théâtre de Séraphin"). Baudelaire s'évade dans l'imaginaire pour échapper à la laideur, à certains aspects sordides de l'univers parisien ; il réussit à faire pousser la fleur de la beauté sur le mal de la ville.

Groupement de textes

~ Les saisons, miroir de la condition humaine

La peur devant le temps qui passe et qui nous conduit inéluctablement à l'expiration de la durée de vie impartie à chacun, est universelle. Les romantiques ont médité sur ces limites humaines en faisant de l'automne et de ses dégradations le reflet des inquiétudes de l'homme face à son propre déclin : une continuité existe entre "L'Automne" de Lamartine et "Chant d'automne" de Baudelaire. Le cycle des saisons exprime toute déchéance, la perte des facultés créatrices, l'usure des sentiments et les échecs amoureux. Le douloureux constat de l'impossibilité de mener à bien les projets poétiques ou affectifs s'enracine chez Baudelaire et se prolonge chez Laforgue, Apollinaire ou Aragon, et cela avec des nuances, des tonalités diverses attestant la richesse des ressources poétiques. Le groupement de textes envisagé ici met en lumière la modernité de Baudelaire, qui a su dépasser l'anecdote personnelle pour atteindre la dimension de l'intemporalité.

LAMARTINE

"L'AUTOMNE" (*Méditations poétiques, XXIII, 1820*)

Salut ! bois couronnés d'un reste de verdure !
Feuillages jaunissants sur les gazons épars !
Salut, derniers beaux jours ! le deuil de la nature
Convient à la douleur et plaît à mes regards !

Je suis d'un pas rêveur le sentier solitaire,
J'aime à revoir encor, pour la dernière fois,
Ce soleil pâlissant, dont la faible lumière
Perce à peine à mes pieds l'obscurité des bois !

Oui, dans ces jours d'automne où la nature expire,
À ses regards voilés je trouve plus d'attraits ;
C'est l'adieu d'un ami, c'est le dernier sourire
Des lèvres que la mort va fermer pour jamais !

Ainsi, prêt à quitter l'horizon de la vie,
Pleurant de mes longs jours l'espoir évanoui,
Je me retourne encore, et d'un regard d'envie
Je contemple ses biens dont je n'ai pas joui.

Terre, soleil, vallons, belle et douce nature,
Je vous dois une larme aux bords de mon tombeau !
L'air est si parfumé ! la lumière est si pure !
Aux regards d'un mourant le soleil est si beau !

➤

Je voudrais maintenant vider jusqu'à la lie
Ce calice mêlé de nectar et de fiel :
Au fond de cette coupe où je buvais la vie,
Peut-être restait-il une goutte de miel ?

Peut-être l'avenir me gardait-il encore
Un retour de bonheur dont l'espoir est perdu ?
Peut-être dans la foule, une âme que j'ignore
Aurait compris mon âme et m'aurait répondu ?...

La fleur tombe en livrant ses parfums au zéphire ;
À la vie, au soleil, ce sont là ses adieux ;
Moi, je meurs ; et mon âme, au moment qu'elle expire,
S'exhale comme un son triste et mélodieux.

JULES LAFORGUE

"Complainte d'un autre dimanche" (*Les Complaintes, 1885*)

C'était un très-au vent d'octobre paysage,
Que découpe, aujourd'hui dimanche, la fenêtre,
Avec sa jalousie en travers, hors d'usage,
Où sèche, depuis quand ! une paire de guêtres
Tachant de deux mals blancs ce glabre paysage.

Un couchant mal bâti suppurant du livide ;
Le coin d'une buanderie aux tuiles sales ;
En plein, le Val-de-Grâce, comme un qui préside ;
Cinq arbres en proie à de mesquines rafales
Qui marbrent ce ciel cru de bandages livides.

Puis les squelettes de glycines aux ficelles,
En proie à des rafales encor plus mesquines !
Ô lendemains de noce ! ô bribes de dentelles !
Montrent-elles assez la corde, ces glycines
Recroquevillant leur agonie aux ficelles !

Ah ! qu'est-ce que je fais, ici, dans cette chambre !
Des vers. Et puis, après ? ô sordide limace !
Quoi, la vie est unique, et toi, sous ce scaphandre,
Tu te racontes sans fin, et tu te ressasses !
Seras-tu donc toujours un qui garde la chambre ?

Ce fut un bien au vent d'octobre paysage...

"LE BRAVE, BRAVE AUTOMNE" (*Des Fleurs de bonne volonté, XXIX, 1890*)

Quand reviendra l'automne,
Cette saison si triste,
Je vais m'la passer bonne,
Au point de vue artiste.

Car le vent, je l'connais,
Il est de mes amis !
Depuis que je suis né
Il fait que j'en gémis...

Et je connais la neige,
Autant que ma chair même,
Son froment me protège
Contre les chairs que j'aime...

Et comme je comprends
Que l'automnal soleil

Ne m'a l'air si souffrant
Qu'à titre de conseil !...

Puis rien ne saurait faire
Que mon spleen ne chemine
Sous les spleens insulaires
Des petites pluies fines...

Ah ! l'automne est à moi,
Et moi je suis à lui,
Comme tout à "pourquoi ?"
Et ce monde à "et puis ?"

Quand reviendra l'automne,
Cette saison si triste,
Je vais m'la passer bonne,
Au point de vue artiste.

APOLLINAIRE

"MAI" (*Alcools, 1913*)

Le mai le joli mai en barque sur le Rhin
Des dames regardaient du haut de la montagne
Vous êtes si jolies mais la barque s'éloigne
Qui donc a fait pleurer les saules riverains

Or des vergers fleuris se figeaient en arrière
Les pétales tombés des cerisiers de mai
Sont les ongles de celle que j'ai tant aimée
Les pétales flétris sont comme ses paupières

Sur le chemin du bord du fleuve lentement
Un ours un singe un chien menés par des tziganes
Suivaient une roulotte traînée par un âne
Tandis que s'éloignait dans les vignes rhénanes
Sur un fifre lointain un air de régiment

Le mai le joli mai a paré les ruines
De lierre de vigne vierge et de rosiers
Le vent du Rhin secoue sur le bord les osiers
Et les roseaux jaseurs et les fleurs nues des vignes

"AUTOMNE MALADE" (*Alcools, 1913*)

Automne malade et adoré
Tu mourras quand l'ouragan soufflera dans les roseraies
Quand il aura neigé
Dans les vergers

Pauvre automne
Meurs en blancheur et en richesse
De neige et de fruits mûrs
Au fond du ciel
Des éperviers planent
Sur les nixes nicettes aux cheveux verts et naines
Qui n'ont jamais aimé

Aux lisières lointaines
Les cerfs ont bramé

Et que j'aime ô saison que j'aime tes rumeurs
Les fruits tombant sans qu'on les cueille
Le vent et la forêt qui pleurent
Toutes leurs larmes en automne feuille à feuille
    Les feuilles
    Qu'on foule
    Un train
    Qui roule
    La vie
    S'écoule

"AUTOMNE" (*Alcools, 1913*)

Dans le brouillard s'en vont un paysan cagneux
Et son bœuf lentement dans le brouillard d'automne
Qui cache les hameaux pauvres et vergogneux

Et s'en allant là-bas le paysan chantonne
Une chanson d'amour et d'infidélité
Qui parle d'une bague et d'un cœur que l'on brise

Oh ! l'automne l'automne a fait mourir l'été
Dans le brouillard s'en vont deux silhouettes grises

ARAGON

ELSA (*1959*)

"– Un homme passe sous la fenêtre et chante"

Nous étions faits pour être libres
Nous étions faits pour être heureux
Comme la vitre pour le givre
Et les vêpres pour les aveux
Comme la grive pour être ivre
Le printemps pour être amoureux
Nous étions faits pour être libres
Nous étions faits pour être heureux

Le temps qui passe passe passe
Avec sa corde fait des nœuds
Autour de ceux-là qui s'embrassent
Sans le voir tourner autour d'eux
Il marque leur front d'un sarcasme
Il éteint leurs yeux lumineux
Le temps qui passe passe passe
Avec sa corde fait des nœuds

On n'a tiré de sa jeunesse
Que ce qu'on peut et c'est bien peu
Si c'est ma faute eh bien qu'on laisse
Ma mise à celui qui dit mieux
Mais pourquoi faut-il qu'on s'y blesse
Qui a donc tué l'oiseau bleu
On n'a tiré de sa jeunesse
Que ce qu'on peut et c'est bien peu

Documents

～ Les inspiratrices de Baudelaire

Il faut d'abord citer **Jeanne Duval** dont le début de la liaison avec Baudelaire date vraisemblablement de 1842 ; elle dura jusqu'en 1852 malgré les incompatibilités de caractère. Une séparation totale intervint en 1856, mais le poète s'occupa de Jeanne quand elle fut victime d'une attaque de paralysie en 1859. Le poète reprit la vie commune en 1860, y renonça en 1861. En 1864, le nom de Jeanne Duval ne figure plus dans la correspondance du poète. Le cycle des poèmes consacrés à Jeanne Duval commence avec "Parfum exotique" et s'achève avec le sonnet XXXIX.

Le cycle de **Mme Sabatier** débute avec "Semper eadem" et se termine avec "Le Flacon". Née en 1822, Aglaé-Joséphine Savatier devenue Apollonie Sabatier fut entretenue par A. Mosselman, une célébrité mondaine de l'époque. Elle rencontra Baudelaire à l'hôtel Pimodan. À la fin de 1852, le poète lui adresse pour la première fois des vers d'une manière anonyme, il rompt cet anonymat en 1857. En 1860, il fait partie de ses familiers, mais il cesse de la voir vers 1862.

"Le Poison" ouvre le cycle de **Marie Daubrun**, née Marie Bruneau en 1827. Venue à Paris, elle débute au théâtre en 1845, joue un rôle dans *La Belle aux cheveux d'or* (cf. "L'Irréparable") en 1847. Courtisée par Banville dès 1852, elle le préféra à Baudelaire, après une brève liaison avec celui-ci en 1855 et une tentative de reconquête en 1859. Elle ne joue plus aucun rôle dans la vie de Baudelaire après 1860. "À une Madone" termine le cycle des poèmes qui lui sont consacrés.

D'autres femmes peuvent être citées : Sarah surnommée Louchette, Élisa Neri ("Sisina"), une Françoise ("Franciscæ meae laudes"), Mme Autard de Bragard ("À une dame créole"), une Agathe ("Moesta et errabunda"), une chanteuse des rues ("À une mendiante rousse"), une inconnue ("À une passante"). À des degrés divers, toutes ces femmes ont séduit, ému Baudelaire, bien qu'elles ne soient évoquées que dans un seul poème.

Caricature faite après le procès des Fleurs du mal *dans "Le Boulevard".*

∿ Le procès des *Fleurs du mal*

Le procès des *Fleurs du mal* doit être situé dans le contexte d'"ordre moral" voulu par le Second Empire. On a reproché à Baudelaire l'"immoralité" et l'"obscénité" de certains de ses poèmes. Les mêmes motifs d'inculpation avaient été adressés à Flaubert, quelques mois plus tôt, pour *Madame Bovary.*

Baudelaire et son éditeur sont condamnés par le tribunal correctionnel, en août 1857 : ils doivent acquitter chacun une amende, et sont obligés de retirer du recueil six poèmes.

Fait exceptionnel, dans l'histoire des procès littéraires du XIXᵉ siècle (voir à ce sujet *Crimes écrits,* d'Yvan Leclerc, Plon 1991), ce jugement a été annulé par la chambre criminelle de la Cour de cassation... en mai 1949, et le recueil des *Fleurs du mal* a ainsi été réhabilité, près d'un siècle après avoir été condamné !

RÉQUISITOIRE DU PROCUREUR ERNEST PINARD

"Messieurs, j'ai répondu aux objections, et je vous dis : Réagissez, par un jugement, contre ces tendances croissantes, mais certaines, contre cette fièvre malsaine qui porte à tout peindre, à tout décrire, à tout dire, comme si le délit d'offense à la morale publique était abrogé, et comme si cette morale n'existait pas.

Le paganisme avait des hontes que nous retrouvons traduites dans les ruines des villes détruites, Pompéi et Herculanum. Mais au temple, sur la place publique, ses statues ont une nudité chaste. Ses artistes ont le culte de la beauté plastique ; ils rendent les formes harmonieuses du corps humain, et ne nous le montrent pas avili ou palpitant sous l'étreinte de la débauche. Ils avaient le respect de la vie sociale.

Dans notre société imprégnée de christianisme, ayons au moins ce même respect.

J'ajoute que le livre n'est pas une feuille légère qui se perd et s'oublie comme le journal. Quand le livre apparaît, c'est pour rester ; il demeure dans nos bibliothèques, à nos foyers, comme une sorte de tableau. S'il a ces peintures obscènes qui corrompent ceux qui ne savent rien encore de la vie, s'il excite les curiosités mauvaises et s'il est aussi le piment des sens blasés, il devient un danger toujours permanent, bien autrement que cette feuille quotidienne qu'on parcourt le matin, qu'on oublie le soir, et qu'on collectionne rarement.

Je sais bien qu'on ne sollicitera l'acquittement qu'en vous disant de blâmer le livre dans quelques considérants bien sentis. Vous n'aurez pas, messieurs, ces imprévoyantes condescendances. Vous n'ou-

➤

blierez pas que le public ne voit que le résultat final. S'il y a acquittement, le public croit le livre absolument amnistié ; il oublie vite les *attendus,* et s'il se les rappelait, il les réputerait démentis par le dernier mot de la sentence. Le juge n'aurait mis personne en garde contre l'œuvre, et il encourrait un reproche qu'il était loin de prévoir, et qu'il ne croyait pas mériter, celui de s'être contredit.

Soyez indulgent pour Baudelaire, qui est une nature inquiète et sans équilibre. Soyez-le pour les imprimeurs, qui se mettent à couvert derrière l'auteur. Mais donnez, en condamnant au moins certaines pièces du livre, un avertissement devenu nécessaire."

PLAIDOIRIE DE Mᵉ GUSTAVE CHAIX D'EST-ANGE,
DÉFENSEUR DE BAUDELAIRE

"Tout cela, messieurs, est-ce un lieu commun ? Est-ce de ma part quelque hors-d'œuvre inutile, puisque nous sommes tous aujourd'hui de l'avis de Molière […] ?

Mais alors, pourquoi poursuivez-vous Baudelaire ? […] c'est le même procédé qu'il emploie ; il vous montre le vice, mais il vous le montre odieux ; il vous le peint sous des couleurs repoussantes, parce qu'il le déteste et veut le rendre détestable, parce qu'il le hait et veut le rendre haïssable, parce qu'il le méprise et veut que vous le méprisiez ; […]

Tout cela est vrai, messieurs : non, l'affirmation du mal n'en est pas la criminelle approbation ; les poètes satiriques, les dramaturges, les historiens n'ont jamais été accusés de tresser des couronnes pour les forfaits qu'ils racontent, qu'ils produisent sur la scène ; Baudelaire, qui les a cueillies et recueillies, n'a pas dit que ces *Fleurs du mal* étaient belles, qu'elles sentaient bon, qu'il fallait en orner son front ; en emplir ses mains, et que c'était là la sagesse ; au contraire, en les nommant, il les a flétries. Il n'a rien dit en faveur des vices qu'il a moulés si énergiquement dans ses vers ; on ne l'accusera pas de les avoir rendus aimables ; ils y sont hideux, nus, tremblants, à moitié dévorés par eux-mêmes, comme on le conçoit dans l'Enfer."

Jugements critiques

J.-K. HUYSMANS

À REBOURS (1884)

"Baudelaire était allé plus loin ; il était descendu jusqu'au fond de l'inépuisable mine, s'était engagé à travers des galeries abandonnées ou inconnues, avait abouti à ces districts de l'âme où se ramifient les végétations monstrueuses de la pensée.

Là, près de ces confins où séjournent les aberrations et les maladies, le tétanos mystique, la fièvre chaude de la luxure, les typhoïdes et les vomitos du crime, il avait trouvé, couvant sous la morne cloche de l'Ennui, l'effrayant retour d'âge des sentiments et des idées.

Il avait révélé la psychologie morbide de l'esprit qui a atteint l'octobre de ses sensations ; raconté les symptômes des âmes requises par la douleur, privilégiées par le spleen ; montré la carie grandissante des impressions, alors que les enthousiasmes, les croyances de la jeunesse sont taris, alors qu'il ne reste plus que l'aride souvenir des misères supportées, des intolérances subies, des froissements encourus, par des intelligences qu'opprime un sort absurde".

[...]

"Et plus des Esseintes relisait Baudelaire, plus il reconnaissait un indicible charme à cet écrivain qui, dans un temps où le vers ne servait plus qu'à peindre l'aspect extérieur des êtres et des choses, était parvenu à exprimer l'inexprimable, grâce à une langue musculeuse et charnue, qui, plus que toute autre, possédait cette merveilleuse puissance de fixer avec une étrange santé d'expressions, les états morbides les plus fuyants, les plus tremblés, des esprits épuisés et des âmes tristes".

J.-P. RICHARD

POÉSIE ET PROFONDEUR, "PROFONDEUR DE BAUDELAIRE"
(*Le Seuil, 1955*)

"C'est une des conséquences de la loi d'analogie universelle qu'entre mots et choses il n'y ait ni divorce, ni même intervalle, que toute réalité soit toujours très exactement exprimable, que les mots soient des choses qui demandent à être goûtées dans leur saveur matérielle, et les choses des mots qui réclament d'être lus et interprétés. Si

➤

la nature est alors un 'dictionnaire', c'est dans l'exacte mesure où la poésie est une 'cuisine'. La sorcellerie évocatoire de Baudelaire repose tout entière sur un optimisme du langage ; elle se fonde sur la croyance hautement affirmée que la 'rhétorique et les prosodies ne sont pas des tyrannies inventées arbitrairement, mais une collection de règles réclamées par l'organisation même de l'être spirituel'".

P. GUIRAUD

ESSAIS DE STYLISTIQUE (*Klincksieck, 1980*)

"Le gouffre, l'enfer et le péché s'identifient ; leurs champs se superposent et échangent leurs valeurs, mais c'est bien une image spécifique du gouffre qui en constitue le dénominateur commun.

Cet abîme infernal s'oppose au ciel dans un double mouvement de chute ou d'ascension qui anime un univers puissamment schématisé et organisé. Le Ciel, la Terre, l'Enfer en constituent les trois cercles ; chacun symbolise un ensemble de valeurs esthétiques, morales, affectives en 'correspondances' et constitue un superchamp stylistique qui repose sur un système verbal étroitement structuré.

L'Enfer est un gouffre — on l'a vu —, ténébreux, glacé, horrible ; la terre est un ici boueux, brumeux, spleenétique ; le ciel est un azur chaud, lumineux, profond."

Fiche méthode 1

∿ De la lecture méthodique au commentaire composé

▩ La lecture méthodique

Elle consiste à examiner un texte à partir d'axes ou de pistes de recherches définis de façon précise.

Tous les aspects du texte sont concernés, notamment :
– le mode de la narration (qui regarde ?) ;
– les personnes (qui parle ? qui agit ?) ;
– le cadre de l'espace et du temps (adverbes de temps et de lieu, temps des verbes...) ;
– la forme des phrases (simples ou complexes) ;
– les procédés d'insistance (articulations logiques, répétitions de mots...) ;
– les images (comparaisons et métaphores).

Dans l'étude des poèmes des *Fleurs du mal*, on observera :

1. D'une manière globale :
– la composition du texte poétique (invocation, imprécation, nostalgie, rêve...) ;
– la présence ou l'absence d'êtres animés (indiquée par le choix des pronoms) ;
– la cohérence thématique produite par le réseau des champs lexicaux ;
– le rôle des figures de style, soulignant les oppositions entre les thèmes et les idées (antithèses, oxymores), ou participant à la construction intellectuelle du poème (symboles, allégories, hyperboles).

2. Dans le détail de l'expression :
– les verbes, leur temps (présent, passé, présent atemporel) et leur nature (verbes d'action ou de sentiment) ;
– les tournures des phrases (passives, pronominales, impersonnelles), leurs modalités (phrases affirmatives, négatives, interrogatives, exclamatives) ;
– la relation entre la phrase et le vers, entre la phrase et la strophe (phénomène des rejets, des contre-rejets, des enjambements) ;
– la qualité de la rime et des sonorités (effets produits par les assonances et les allitérations) ;
– le rythme des vers (dans le cas de l'alexandrin, le rôle de la césure et des coupes secondaires).

▩ Le commentaire composé

Succédant au travail de la lecture méthodique, c'est une étude organisée du texte, présentant ses principaux centres d'intérêt.

Le plan du commentaire se fonde sur la recherche des thèmes centraux et des procédés mis en œuvre, révélateurs des intentions de l'écrivain.

Le commentaire composé :

– est ordonné : il s'interdit l'analyse linéaire ;
– est synthétique : il s'interdit la séparation arbitraire entre les remarques de fond et les remarques de forme.

▶ Dans l'étude des poèmes des *Fleurs du mal*, on privilégiera les centres d'intérêt décrivant :
– l'attitude spirituelle du poète (tristesse, nostalgie, révolte) ;
– sa situation dans l'espace (l'opposition entre l'ici et l'ailleurs) et dans le temps (l'opposition entre le passé et le présent) ;
– sa conception de la beauté féminine (consolatrice, envoûtante...) ;
– sa vision de la nature (apaisante, terrifiante, indifférente...) ;
– les procédés assurant la cohésion interne du texte (comparaisons, symboles, allégories).

Fiche méthode 2

~ La dissertation sur une œuvre littéraire

Comme dans l'exercice du commentaire composé, il s'agit d'exploiter un bilan de lecture et de proposer une argumentation capable de convaincre.

▩ La dissertation littéraire suppose :

1. Une démarche méthodique

– Une analyse du sujet et de son contenu argumentatif (de sa problématique) : quelle est la question soulevée par le sujet ? dans quel cadre se situe-t-il ?
– Une réflexion sur les thèses qui se dégagent, à partir du problème soulevé : comment s'opposent-ils ?
– Une recherche d'arguments : de quelle façon est-il possible de défendre les thèses mises en présence ? quels exemples peut-on trouver dans l'œuvre littéraire sur laquelle porte la dissertation ?

2. Le respect de règles de composition

– L'introduction doit présenter le sujet, reproduire — si nécessaire — la citation proposée, dégager une problématique et formuler une annonce rigoureuse de plan.
– Le développement est constitué de plusieurs parties d'importance croissante pour organiser une progression des idées.
– Chaque partie est composée d'une succession (bien enchaînée) de paragraphes : chaque paragraphe correspond à une idée développée à l'aide d'un ou deux exemples.
– La conclusion dresse un bilan des réponses qui ont été apportées à la question initialement posée dans l'introduction ; elle peut également proposer un élargissement de la problématique initiale.

La dissertation sur une œuvre littéraire requiert une bonne connaissance de l'œuvre et de ce qui concerne son auteur ; elle demande que l'on soit capable de choisir des exemples adaptés au sujet qui est proposé.

▶ Pour *Les Fleurs du mal*, les sujets possibles peuvent prendre la forme :

– D'une question générale :

1. Peut-on considérer que le titre, *Les Fleurs du mal*, donne une clef de lecture pour l'œuvre ?

2. Dans quelle mesure l'organisation des différentes parties du recueil résume-t-elle l'itinéraire spirituel du poète ?

– D'une citation extraite du recueil lui-même :

3. "Dans la ménagerie infâme de nos vices, /Il en est un plus laid, plus méchant, plus immonde ! [...] / C'est l'Ennui ! [...]" Ces vers du poème "Au Lecteur" vous paraissent-ils indiquer la thématique dominante des *Fleurs du mal* ?

– D'un jugement critique formulé par Baudelaire :

4. Dans son essai sur l'*Exposition universelle* (1855), Baudelaire affirme que "Le beau est toujours bizarre". Cette formule peut-elle éclairer certains aspects des *Fleurs du mal* ?

– D'un jugement critique formulé par un critique ou un écrivain du xxᵉ siècle :

5. Dans *Le Secret professionnel* (Stock, 1922), Cocteau définit ainsi le rôle de la poésie : "Elle dévoile, dans toute la force du terme. Elle montre nues, sous une lumière qui secoue la torpeur, les choses surprenantes qui nous environnent et que nos sens enregistraient machinalement. "La poésie des *Fleurs du mal* correspond-elle à cette définition ?

6. Dans *Les Impostures de la poésie* (Gallimard, 1945), Roger Caillois évoque les poètes en ces termes : "Leur art est un art du langage et ils tirent des mots, par science ou par fortune, ce que le musicien tire des sons ou le peintre des couleurs." Dans *Les Fleurs du mal,* Baudelaire n'est-il que le créateur d'un langage poétique ?

7. "Baudelaire est le poète du réel, le moins romantique qui soit [...]. Mais quel que soit l'objet, Baudelaire le touche, le sent et le rend éternel". Partagez-vous ce point de vue que François Mauriac exprime dans ses *Mémoires intérieurs* (1959) ?

→ Ces sujets partent d'une problématique précise, qu'ils proposent comme cadre à la réflexion : le contenu et la structure du recueil des *Fleurs du mal* (**sujets 1, 2 et 3**), la fonction intellectuelle de la poésie (**sujet 6**), son pouvoir d'évocation ou de transformation du réel (**sujets 4, 5, 7**)...

→ Ils mettent en présence des thèses opposées, et ouvrent une discussion possible :

– Est-ce que la symbolique des *Fleurs du mal* (le mal et la douleur comme sources de la poésie) suffit à caractériser le recueil de Baudelaire ? (**sujet 1**)
– Faut-il lire le recueil des *Fleurs du mal* en suivant sa progression interne, ou faut-il emprunter d'autres pistes de lecture ? (**sujet 2**)
– La thématique de l'ennui et du spleen résume-t-elle à elle seule toute la poésie du recueil (**sujet 3**)
– Est-il possible d'accepter le paradoxe d'une beauté qui ne s'attacherait qu'aux réalités étranges ou exceptionnelles ? (**sujet 4**)
– La fonction de la poésie est-elle de dévoiler les choses ou consiste-t-elle, au contraire, à les recréer et à les parer d'une apparence nouvelle (**sujet 5**).
– La poésie est-elle seulement un art du langage, ou est-elle aussi une forme de réflexion sur l'homme et le monde ? (**sujet 6**)
– Baudelaire est-il un poète de la réalité quotidienne, ou est-il, au contraire, un visionnaire, allant au-delà du réel ? (**sujet 7**)

Glossaire

alexandrin
vers de douze syllabes.

allégorie
personnification d'abstractions, mise en scène de personnages représentatifs d'un symbole.

allitération
répétition de consonnes identiques.

anaphore
reprise d'un même mot au début d'un vers.

antithèse
opposition de deux termes exprimant des idées contraires.

assonance
répétition de voyelles sonores identiques.

chiasme
croisement de termes ou de constructions syntaxiques.

contre-rejet
anticipation à la fin d'un vers, d'un groupe de mots appartenant au vers suivant.

diérèse
à l'intérieur d'un mot, deux voyelles sonores comptent pour deux syllabes.

enjambement
absence de pause à la fin d'un vers créant un effet d'enchaînement entre deux ou plusieurs vers.

hypallage
épithète (souvent morale) qui se rapporte sur le plan syntaxique à un terme différent de celui auquel il faut la rattacher sur le plan sémantique.

hyperbole
emploi d'un terme qui amplifie l'idée à exprimer.

homéotéleute
finales identiques sur le plan des sonorités.

métonymie
relation de contiguïté entre deux termes (par association d'idées, une réalité est désignée par son contenant, son lieu d'origine, son fabricant...).

oxymore
mise en rapport de deux éléments contradictoires.

palindrome
mot qui peut être lu dans les deux sens.

pantoum
forme poétique d'origine malaise. Suite de quatrains à rimes croisées construits de telle façon que le deuxième et le quatrième vers de chaque quatrain soient repris dans le quatrain suivant comme premier et troisième vers.

paronomase
rapprochement de termes de sens différents ayant des sonorités analogues.

quatorzain
nom donné à un sonnet qui n'est pas régulier dans la disposition des rimes.

quintil
strophe de cinq vers.

rejet
prolongement d'un groupe de mots au début du vers suivant.

sonnet
poème à forme fixe dont le modèle des rimes des deux quatrains et des deux

tercets est le suivant : abba, abba, ccd, ede ("sonnet français") ou abba, abba, ccd, eed ("sonnet italien").

synecdoque
rapport d'inclusion entre deux termes (partie pour le tout, matière pour un objet...).

synérèse
prononciation en une seule voyelle de deux phonèmes vocaliques qui se suivent dans un même mot.

zeugma
construction d'un mot avec deux compléments hétérogènes.

Indications bibliographiques

∼ Éditions

■ BAUDELAIRE, *Œuvres complètes*, éd. Marcel A. Ruff, Le Seuil, coll. "L'Intégrale", 1968.

■ BAUDELAIRE, *Œuvres complètes*, éd. Claude Pichois, Gallimard, coll."Bibliothèque de la Pléiade", 1975-1976, 2 tomes.

■ BAUDELAIRE, *Œuvres complètes*, éd. Michel Jamet, Robert Laffont, coll. "Bouquins", 1980.

∼ Études critiques

■ BERCOT Martine et *alii, Baudelaire. Les Fleurs du mal. L'intériorité de la forme,* Société des études romantiques, SEDES, 1989.

■ GIUSTO Jean-Pierre, *Charles Baudelaire. Les Fleurs du mal,* PUF, coll. "Études littéraires", 1984.

■ LECLERC Yvan, *Crimes écrits. La littérature en procès au XIXe siècle,* Plon, 1991 (sur le procès des *Fleurs du mal*).

■ MAURON Charles, *Le Dernier Baudelaire,* J. Corti, 1966.

■ SARTRE Jean-Paul, *Baudelaire,* Gallimard, coll. "Les Essais", 1947.

TABLE DES *FLEURS DU MAL*

LE VIN

FLEURS DU MAL

TABLEAUX PARISIENS

RÉVOLTE

LA MORT

CRÉDIT PHOTOGRAPHIQUE

8 : Arch. Nathan - **10** : Arch. Nathan - **21** : Arch. Nathan - **37** : Arch. Nathan/D.R. - **41** : Arch. Nathan - **47** : Arch. Nathan/D.R. - **52** : Arch. Nathan - **58** : Arch. Nathan - **65** : Arch. Nathan, Succession Matisse - **69** : Arch. Nathan/D.R. - **95** : Arch. Nathan/D.R. - **104** : Arch. Nathan/D.R., ADAGP 1996 - **167** : Arch. Nathan - **169** : Arch. Nathan - **178** : Arch. Nathan.

Couverture : *Épigraphe pour un Livre condamné* : illustration de A. Rassenfosse (1839) pour *Les Fleurs du mal*. Arch. Nathan.

Édition : Marie-Hélène CHRISTENSEN
Conception graphique : Thierry MÉLÉARD
Couverture : Joseph DORLY
Iconographie : Michèle VIAL
Fabrication : Jacques LANNOY

N° de projet : 10035628 - (I) - (6,5) (OSBT 80°) Jouve
Imprimé en France - Novembre 1996
par MAME Imprimeurs, à Tours (n° 38707)